DIANA

KATE SNELL

DIANA
O ÚLTIMO AMOR DE UMA PRINCESA

1ª Edição
2013

Prata

São Paulo-SP
Brasil

À memória de meu pai.

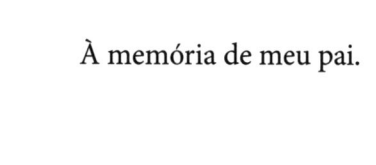

Copyright © 2013 da Autora

Todos os direitos desta edição reservados à
Prata Editora (Prata Editora e Distribuidora Ltda.)

Editor-Chefe:
Eduardo Infante

Tradução:
Frederico Rimoli

Revisão de Texto:
Flávia Portellada

Capa e Projeto Gráfico:
Julio Portellada

Diagramação:
Estúdio Kenosis

Fotos:
©Alpha, ©Camera Press, ©Max Cisotti, ©Fritz Curzon, ©Jason Fraser, ©Brenna/Fraser, ©Eliot Press/Jason Fraser, ©Nunn Syndication, ©PA News, ©Ananda Bazar Patrika, ©Rex Features. Algumas fotos são capturas de tela da ©BBC Worldwide, ©Sky News, LWT; algumas são cortesia da família Khan em Lahore, outras do Shaukat Khanum Memorial Hospital e de Rizwan Beyg.

Dados Internacionais de Catalogação na Publicação (CIP)
(Câmara Brasileira do Livro, SP, Brasil)

Snell, Kate
    Diana : o último amor de uma princesa / Kate Snell ; [tradução Frederico Rimoli]. — 1. ed. — São Paulo : Prata Editora, 2013.

    Título original: Diana : her last love.

    1. Diana, Princesa de Gales, 1961-1997 2. Princesas – Grã-Bretanha – Biografia I. Título.

13-10140   CDD-941.085092

Prata Editora e Distribuidora
www.prataeditora.com.br
facebook/prata editora

Todos os direitos reservados ao autor, de acordo com a legislação em vigor. Proibida a reprodução total ou parcial desta obra, por qualquer meio de reprodução ou cópia, falada, escrita ou eletrônica, inclusive transformação em apostila, textos comerciais, publicação em websites etc., sem a autorização expressa e por escrito do autor. Os infratores estarão sujeitos às penalidades previstas na lei.
Impresso no Brasil/*Printed in Brasil*

Sumário

Prefácio 9
Prólogo 15

PARTE 1: A VERDADEIRA DIANA
1 Eu sou indesejada 21
2 Eu queria voltar! 29
3 O impossível acontece 35
4 Em casa, sozinha 39
5 Simplesmente me chame de Diana 45
6 Eu estou arruinada! 57

PARTE 2: PRELÚDIO DE UM ROMANCE
7 Em que posso ajudar? 75
8 Você conhece Imram Khan? 81
9 Talvez esteja na hora! 87
10 Ele não é lindo de morrer? 93
11 Natty 97

PARTE 3: O DOUTOR
12 Ele está fazendo tudo o que recomenda a seus pacientes para não fazer! ... 103
13 Tenho certeza de que já nos encontramos antes 111
14 Eu terminei de passar minha roupa. Quer que eu passe a sua? 119
15 Devemos convidar a senhorita Bhutto para uma exibição especial! ... 129
16 Nós estamos rindo muito disso tudo 145
17 Eu não vou usar isso nem morta! 157
18 Entre a cruz e a espada 167

PARTE 4: O ÚLTIMO VERÃO

19 Eu quero me casar com Hasnat Khan 177
20 Fale para o Dr. Hasnat se casar com a princesa! 183
21 Diga a Hasnat que estou voltando 189
22 Anatomia de um beijo 197
23 Preste atenção, eu não estou à venda! 207
24 A missão de resgate 215
25 Seu último amor 217
26 O funeral 221

Epílogo: Hasnat... 225
Apêndice 1: Linha do Tempo 229
Apêndice 2: Fontes 235
Agradecimentos 237

Prefácio

"Onde você estava quando John Kennedy foi assassinado?"

A morte do presidente americano em 22 de novembro de 1963 foi um daqueles acontecimentos marcantes de uma geração. Ainda hoje repercute entre os americanos. Dezessete anos depois, o assassinato do ex-beatle John Lennon, em 8 de dezembro de 1980, evoca questões e sentimentos similares ao "fim de uma era".

Mas nada atingiu tamanha comoção mundial como a morte trágica de Diana, a princesa de Gales, ocorrida em 31 de agosto de 1997.

Onde estava você quando ouviu a notícia sobre a morte da princesa Diana?

Nós já sabíamos quem era John Kennedy. A genialidade de John Lennon era conhecida por todos. Suas mortes prematuras os imortalizaram, mas não serviram para redefinir suas personalidades. Antes do acidente de carro em Paris, a maioria das pessoas no mundo tinha uma opinião formada a respeito de Diana. Contudo, a partir do momento em que sua morte foi anunciada, a princesa passou a ser redefinida. Contávamos com ela e, agora, ela se fora.

Após o choque, iniciou-se uma nova avaliação de sua vida, permeada de um grande pesar pela tristeza que rodeava sua existência. Subitamente, percebemos que mal a conhecíamos.

Como era de se esperar, logo os adeptos da teoria da conspiração enlouqueceram. Era um *revival* da síndrome de Marilyn Monroe e, sem dúvida, essas histórias retornarão nos próximos anos. A maioria das pessoas, no entanto, não quer mais falar a respeito das circunstâncias da morte de Diana, mas sim saber mais sobre a vida desta fascinante personagem.

Nunca encontrei Diana pessoalmente, nem fiz reportagens sobre ela enquanto estava viva, mas era fácil ser convencida pelas opiniões jornalísticas prevalentes. Eu achava que tínhamos matérias melhores para escrever do que sobre uma mulher que a indústria considerava "esquisita". Tudo isso mudou, para mim, no ano passado.

Onde eu estava quando ouvi a notícia? Em minha lua de mel, numa vila no meio da Indonésia. Era meio-dia no horário local, quando o clamor das vozes chamou a atenção de todos os turistas. Os nativos estavam aglomerados ao redor de um pequeno rádio em que um locutor falava numa língua que eu não entendia. A única palavra que conseguia pinçar era "Diana", repetida várias vezes. "O que aconteceu?", queríamos saber. "Diana está morta!", era o máximo que conseguiam dizer. Pensamos que deveria ser algum engano. Com o passar do dia chegaram mais notícias. Foi impressionante. Mulheres soluçavam no meio dos campos de arroz, nos bares e restaurantes todos conversavam cabisbaixos. Era a ilha de Bali, e os nativos ainda se lembravam de quando Diana passou as férias ali, em agosto de 1993. Eles sentiam, como o resto do mundo, que Diana era parte deles.

Durante a semana seguinte, só nos restava assistir às terríveis lembranças do acidente na BBC, na CNN e em uma dúzia de canais via satélite de diferentes partes do mundo. No fundo, eu sentia uma forte atração jornalística por aquilo tudo, como se eu tivesse o dever de retornar a Londres para "ajudar". Mas o que eu teria feito? Eu poderia somente alimentar meu estado de choque trabalhando com a tragédia de maneira mais prática. Chegando a Londres, fui direto ao palácio de Kensington para ver todas aquelas incríveis homenagens com flores, e experimentar a sensação física de perda compartilhada.

Com o tempo, livros e filmes sobre Diana apareceram. Todos achavam que sabiam quem ela era. Sua morte, agora, parecia ter sido explicada.

Em maio de 1999, fui convidada para produzir um documentário sobre Diana para a London Weekend Television. Eu não acreditava que ainda houvesse algo a ser dito sobre ela. Durante os meses seguintes, encontrei muitas pessoas que haviam sido próximas de Diana em diferentes momentos de sua vida e, pouco a pouco, comecei a vislumbrar uma mulher muito diferente da que eu achei que conhecia. À medida que o tempo passava, não somente minha fascinação por Diana aumentava como também minha admiração. Senti que estava começando a entender o que realmente acontecia sob aquela fachada, o que a movia e o que a atormentava.

Alguns de seus amigos, que gentilmente cederam tanto de seu tempo durante a produção do documentário, comentaram que eu deveria registrar minhas percepções também em um livro. Haviam considerações a serem feitas, nem sempre fáceis, como questões sobre intromissão e os possíveis efeitos causados aos filhos de Diana, por exemplo. Contudo, concluí que, em contrapartida, o livro poderia reinterpretar eventos marcantes e oferecer um quadro sobre as suas últimas semanas em vida, e talvez pudesse ajudar a esclarecer fatos e acabar de vez com alguns dos mitos que se formaram ao redor de sua morte.

Se você pedir a algumas pessoas uma descrição dos principais momentos da vida de Diana é provável que a maioria inclua o seu casamento com Charles, o nascimento de seus filhos, a bulimia, a automutilação, o divórcio, os sentimentos sobre Camila Parker Bowles, muitas férias, James Hewitt, minas terrestres, capas de revistas, Dodi e sua trágica morte. Uma vida resumida em doze capítulos, muitos deles infelizes. A mulher que emerge resultante deste quadro soa unidimensional. Eu sentia que devia existir algo mais. E, de fato, existia, tanto com relação aos eventos quanto a respeito de quem era a verdadeira Diana.

O período de sua vida entre 1992 e 1997 não foi tão explorado quanto os anos em que esteve casada com Charles e, por isso, muita coisa passou despercebida. Além disso, o foco se manteve essencialmente em suas atitudes em lugar de sua personalidade. Ela não era sempre a princesa tímida ou a esposa de coração partido. Diana sabia se divertir; na verdade, ela possuía um senso de humor mordaz e era consideravelmente mais inteligente do que muitos pensavam — era capaz de ler um complexo livro de medicina ou um sério estudo religioso com a mesma facilidade de um romance de Barbara Cartland ou Danielle Steel.

Acima de tudo, é admirável a sua capacidade de sobreviver a tudo o que a vida a fez passar. Do início ingênuo em um casamento sem amor, que rapidamente a conduziu aos bem documentados casos de bulimia e automutilação, ela foi a mulher que levou aos governos do mundo as questões das minas terrestres. De onde veio esta força? Eu me senti desafiada a descobrir como ela percorreu esse caminho de pedras, de uma garota ferida a uma poderosa militante.

Ao pesquisar a vida de Diana, logo ficou evidente que ela era movida por sua necessidade de amor, assim como alguns são movidos pelo desejo de ganhar dinheiro ou de encontrar comida suficiente para sobreviver. Para ela, o amor era tão fundamental quanto a comida ou o dinheiro. Não há dúvida de que ela era profundamente apaixonada por Charles. Ele foi seu primeiro amor e permaneceria sempre como uma figura central em sua vida. Mas ela sabia que não teria chance, e precisava se sentir amada tanto quanto precisava amar. Por fim, Charles e Diana descobriram uma amizade mútua que certamente teria amadurecido se ela ainda estivesse viva.

Se olharmos mais atentamente, perceberemos que o que Diana buscava não era um simples amor do tipo "de virar a cabeça" — era algo muito mais complexo. Deveria incluir um homem, uma família, a sensação de ser amada do jeito que ela era e de que poderia manter o amor do povo; sem todos estes elementos, Diana se sentia perdida.

Neste livro, então, tento descobrir quem de fato era Diana, como e por que ela procurava por um grande amor e qual impacto esta busca provocou em sua força interior e em sua autoestima.

Como o foco principal é o período entre 1992 e 1997, uma considerável ponderação é direcionada aos sentimentos de Diana pelo Dr. Hasnat Khan, um cirurgião cardíaco paquistanês que trabalhava em Londres. Depois de Charles, Khan foi, sem dúvida, o mais importante amor da vida de Diana, não somente por sua personalidade, mas também por sua família, que Diana conhecia e amava e, sobretudo, pela marca que ele deixou na sua vida. Por isso a história dos dois é contada aqui.

Eu cheguei a encontrar Hasnat Khan, mas devo enfatizar que ele não contribuiu diretamente nesta publicação. Sua participação na vida de Diana foi relatada por fontes próximas a ele, confidentes e por sua família. Esta não é a história de um aproveitador. Eu compreendo e respeito a relutância do Dr. Khan em se pronunciar publicamente sobre seus sentimentos. Duvido que ele algum dia fale, como Diana gostaria; ela mesma disse que ele era uma das poucas pessoas que não a havia traído pela imprensa.

Agradeço aos familiares do Dr. Khan que conheciam e amavam Diana, por compartilharem comigo suas lembranças durante as duas visitas que fiz ao Paquistão em 1999 e 2000. Eles me ajudaram a caminhar na tênue linha que separa a invasão de privacidade da compreensão de certos eventos que iriam moldar fundamentalmente a vida de Diana, a fim de obter uma perspectiva única sobre seus pensamentos e sentimentos.

Gostaria de agradecer também a todos os amigos íntimos e conhecidos que dedicaram seu tempo para falar comigo e compartilhar suas memórias sobre Diana, a pessoa — em contraste com Diana, a princesa. Na maioria, eles dedicaram vários dias procurando em suas memórias, diários, gavetas e recortes de jornais, muitas vezes me permitindo ver seus tesouros pessoais para que eu pudesse melhor compreender quem realmente era Diana.

É comum ouvir que pode-se conhecer uma pessoa através de seus amigos. Neste caso, podemos dizer que Diana está em alta conta, pois parece ter escolhido muito bem os seus amigos íntimos — apesar de suas diferentes personalidades, nacionalidades e histórias de vida.

Diana selecionou seus amigos e, de um modo geral, os manteve bem separados. Conversando com cada um em seu devido lugar, ela pôde encontrar apoio para os momentos cruciais de sua vida durante os últimos anos e, particularmente, daquele último verão.

Alguns críticos sugeriram que ao final de sua vida Diana havia "perdido o enredo"; que estava se afundando em algum tipo de loucura. Eu discordo. Acredito que Diana ainda tinha um longo caminho a percorrer, mas estava amadurecendo de várias maneiras e, se ainda estivesse viva, teria nos surpreendido com renovada força e novas conquistas.

Um a um, os amigos pessoais da princesa estão agora colocando suas memórias no papel, escrevendo seus próprios livros. Em cada caso, novas luzes serão lançadas sobre esta extraordinária mulher, o que acho muito bom. Não creio que compilar estas informações represente algum tipo de traição, mas pode oferecer a todos uma coleção de memórias pelas quais Diana poderá ser lembrada como uma pessoa ainda mais impressionante do que aquela que o mundo conheceu.

KJS, abril de 2000

Prólogo

Maio de 1997, Lahore, Paquistão

A cúpula da mesquita de Badshahi é chamuscada de vermelho pelos raios de sol no final da tarde, deslumbrando os que se arriscam a olhar. Logo que o crepúsculo sucede o dia, as vibrantes vozes dos almuadens ressoam através dos telhados convocando os fiéis a orar. Por toda a cidade o ritual se inicia, mais uma vez, quando milhares de devotos do Islã se ajoelham voltados na direção de Meca.

Estamos no auge do verão em Lahore, antigo centro do império Mogol, atualmente o coração cultural do Paquistão. Ao cair da noite, a temperatura ainda está acima dos 37ºC e o ar parece ondular com a umidade.

Em um dos melhores subúrbios desta metrópole dura e empobrecida, um grande portão de ferro forjado é aberto por dois servos revelando uma mansão colonial em tom amarelo-claro, com três andares. Um compacto japonês sai da movimentada rua em direção à entrada curvilínea de pedra. Ao volante está uma mulher paquistanesa, irmã de um dos maiores políticos e também um dos mais famosos esportistas que o país já teve.

O Toyota Corolla preto para em frente à casa, e a porta do passageiro se abre. Uma mulher sai, usando um tradicional traje paquistanês — um salwar kameez *azul. Mas a roupa é a única coisa que não chama a atenção. Tudo* em sua aparência remete a outro lugar, a um mundo distante; ela é europeia, alta e possui cabelos loiros.

Fora da casa, na rua, havia um frisson, alguns olhares atentos notaram a visitante. Nada surpreendente, afinal, a mulher possui o rosto mais famoso do mundo. A visitante não percebe as cabeças virando em sua direção, está ocupada com outros assuntos em mente. Ela se sente nervosa e terrivelmente sozinha. Mas precisa controlar seus sentimentos se quiser que sua missão seja bem-sucedida. Para os olhares alheios, ela parecia tranquila e relaxada.

Ela sabe que esta pode ser a maior cartada de sua vida. Mesmo os quase quinze anos vividos em conflito com uma das maiores dinastias do mundo não a haviam preparado para o que estava prestes a acontecer.

Do outro lado da grossa porta de madeira da casa estão onze membros da família que ela veio encontrar. Para eles, não fazia a menor diferença o fato de ela ser uma princesa, para eles, ela estava ali para ser julgada.

"Olá, eu sou Diana", falou, quando as portas se abriram. Um a um foram todos apresentados, mas ela já conhecia seus nomes, havia feito o dever de casa.

O homem que Diana amava não estava na reunião, apesar de ser a razão daquele encontro.

O sol havia se posto e, num sincronismo perfeito, ocorreu uma queda geral de energia, deixando a cidade toda na escuridão. Esta é uma ocorrência comum em Lahore, mas não é a melhor maneira de se iniciar uma noite tão importante.

Normalmente, a família aguardaria o retorno da energia elétrica, mas, considerando a importância da situação, um garoto é mandado ao mercado local para comprar velas. Estranhamente, parece que velas não são utilizadas com frequência em situações como essa, e estava muito escuro para que o dono do mercado as encontrasse. Quando o garoto retornou de mãos vazias, a família já havia se movido para o lado de fora da casa com a convidada, para um vasto jardim cercado por muros, em um gramado sob bananeiras, árvores de eucalipto e de jasmim, e suas vozes eram acompanhadas pelo som de centenas de cigarras. Os empregados foram dispensados e as crianças mantidas dentro de casa, já que essa era uma reunião para adultos.

Enquanto todos tentavam se acomodar confortavelmente nas duras, porém belíssimas, cadeiras esculpidas em madeira, uma tia servia o chá em xícaras de porcelana inglesa. Acima deles, as crianças espiavam detrás das cortinas do primeiro andar tentando descobrir o que estava acontecendo.

Do lado de fora, no gramado, antigas histórias de família eram recontadas sempre que o clã se reunia.

A princesa toma o chá, mas evita comer. Ela encanta toda a família, mas concentra seus esforços na mulher a quem ela sente que deve impressionar se quiser se casar com o homem de seus sonhos. Diana sabe como é importante ter a mãe a seu lado. Ela já convenceu a maioria dos familiares e acredita ter recebido a sua aprovação para o casamento.

Diana tem procurado pelo amor toda a sua vida. Agora, finalmente, vislumbra a realização de seu sonho. Se tudo correr bem esta noite, ela poderá enfim ser capaz de persuadir o homem que ama a se comprometer...

PARTE 1

A VERDADEIRA DIANA

Para compreender o que levou Diana ao Paquistão em maio de 1997, e os eventos subsequentes do último verão, é preciso rever os principais capítulos de sua vida e tentar decifrar a sua personalidade, especialmente a sua carência, bem como a sua busca pelo amor, tão fundamental que a conduziu em tudo o que fez.

1

Eu sou indesejada

"Vamos brincar na cabana no bosque!", falou a babá. Os olhos de Diana Spencer se iluminam com a possibilidade. Imediatamente, a garota sai correndo em direção à enorme cozinha em estilo de fazenda, com seu fogão Aga de ferro esmaltado, procurando a governanta. Ela pede a matronal senhora de cabelos grisalhos alguns pratos, canecas, panelas e outros itens e corre em seguida para o bosque da Park House com seus utensílios arrumados dentro de uma cesta de vime.

Seu irmão mais novo, Charles, considerava a cabana um lugar perfeito para brincar de cowboy e índio, com a atmosfera do velho oeste incrementada por fogueiras e churrascos. Diana, por outro lado, tinha uma visão mais prática, ela queria transformar a cabana em uma casinha.

Sua antiga babá, Mary Clarke, se lembra da maneira como Diana assumia a brincadeira com verdadeiro entusiasmo, tentando transformar a cabana na mais perfeita casinha que pudesse imaginar.

Como retrato da infância de Diana, é bastante simplista, mas revela, mesmo em tenra idade, o seu sonho de criar um lar feliz, que seria completado por um marido que a amasse e, é claro, por uma grande família. Estes eram temas que ressurgiriam várias vezes em sua vida adulta.

Park House é uma mansão de pedras cinzentas com aspecto abandonado, situada em Norfolk, na propriedade de vinte mil acres da Rainha, em Sandringham. Apesar de parecer pequena e atarracada por fora, por dentro é completamente diferente; o pé direito é alto, os quartos são espaçosos e, na época em que Diana vivia lá, a casa tinha dez quartos.

A mansão do século 19 foi adquirida pela família de sua mãe, Frances Burke Roche. O rei George V concedeu o arrendamento da propriedade ao avô materno de Diana, Maurice, o 4º barão Fermoy, amigo de seu filho, o duque de York.

A família de seu pai é de Althorp House, em Northamptonshire. A propriedade imponente reflete séculos de acumulada prosperidade, remontando ao século 15, quando os Spencer criavam e comercializavam ovelhas. Por centenas de anos os membros da família mantiveram posições privilegiadas na corte. O pai de Diana serviu como cavalariço do rei George VI e da atual Rainha.

Os pais de Diana se casaram na abadia de Westminster em junho de 1954 e, após um breve período na propriedade de Althorp, se mudaram para Park House assumindo a concessão dada aos pais de Frances. Foi lá que Diana nasceu, no dia 1 de julho de 1961.

Sua chegada foi saudada com alegria e raios de sol.

Era um belo e tranquilo dia de verão inglês, quente e ensolarado, com os campos cheirando a grama recém-cortada. Para completar o quadro, o time de críquete de Sandringham estava jogando nas proximidades.

Logo que Diana veio ao mundo ouviu-se um enorme estrondo e uma explosão espontânea de aplausos de fora da janela. Na verdade, a saudação foi para o guarda de trânsito local, que acabara de marcar para o seu time, mas pareceu um bom presságio para a futura princesa.

Descrições da infância de Diana soam bucólicas, cheias de brincadeiras e risos. Havia longos passeios com os cachorros no bosque; ela vivia cercada por uma bela paisagem que podia explorar livremente, o que a deixava muito feliz, e tinha vários amigos para brincar quando chegava da escola.

Havia uma piscina na parte de trás da casa onde ela adorava nadar e especialmente mergulhar, algo em que se tornaria muito habilidosa.

Ela também gostava de representar; as aulas de teatro a contagiaram e, quando jovem, constantemente surpreendia a todos com *performances* que chamavam a atenção.

Mas, apesar de sua juventude ser apresentada sempre de forma saudável, como anos dourados à moda antiga, essa não foi a imagem que Diana carregou para a vida adulta, pelo menos não foi o que transmitiu a vários amigos íntimos.

Na mente de Diana, como confidenciou mais tarde, na verdade sua infância havia sido muito infeliz. Ela sofria com sentimentos de solidão e abandono emocional.

Em setembro de 1967, suas irmãs mais velhas, Sarah e Jane, entraram para o colégio interno West Heath, em Kent. Logo depois, seus pais decidiram se separar e a mãe saiu de casa. Como as irmãs estavam fora, o impacto foi muito forte em Diana e seu irmão mais novo, Charles.

De acordo com seus amigos mais próximos, a separação dos pais foi um momento crucial na vida de Diana.

Quando Frances saiu de casa, a princípio levou as crianças para morar com ela em um apartamento em Cardogan Place, no bairro de Chelsea, em Londres. Porém, quando os filhos voltaram para o Natal, o pai de Diana, Johnnie Spencer, anunciou que havia arranjado uma vaga para eles na Silfield School, nas proximidades de King's Lynn, garantindo, assim, que permanecessem em Park House.

Diana contou a vários amigos duas lembranças marcantes daquele tempo: disse que podia se recordar claramente do som dos passos de sua mãe no caminho de cascalho de Park House, enquanto ela permanecia sentada nos degraus da entrada; e de como ficou observando a mãe guardar os longos vestidos de noite no banco de trás do carro antes de partir e atravessar os portões, saindo da casa e do casamento.

Mais tarde, ela confidenciaria à amiga e astróloga Debbie Frank, que por muitos anos se sentou nos mesmos degraus, esperando que a mãe voltasse.

"Acredito que isso tenha marcado a sua memória, ela sentada nos degraus, assistindo a mãe carregar as roupas... Era uma imagem muito profunda e amarga para Diana", disse Frank.

Dos quatro filhos de Spencer, Diana parece ter sido a mais afetada. Em parte isso se deve a sua idade na época, ela tinha somente seis anos, enquanto suas irmãs, Sarah e Jane, tinham doze e dez anos, respectivamente, e o irmão, Charles, com três anos, era muito novo para entender o que estava acontecendo. De todos, Diana era a mais sensível e insegura. O conde Spencer chegou a admitir para Mary Clarke que Diana havia ficado muito confusa depois do divórcio dos pais, oscilando entre momentos de felicidade radiante e outros de quietude e melancolia. Foi uma experiência dolorosa para ela. Em uma de suas conversas com a amiga Simone Simmons, ela comparou esse sentimento a "um grande buraco negro, vazio, que nada poderia preencher".

Este evento em particular, associado ao sentimento de ter sido abandonada, talvez tenha sido, mais do que qualquer outra coisa, o que levou Diana a se tornar uma pessoa que, no íntimo, era o oposto da personalidade que todos viam em público.

A partida de sua mãe passou a representar um tipo de traição do seu amor puro e inocente. Parece ter sido o que gerou a sua incapacidade de confiar nas pessoas, e criou uma insegurança tão grande que nenhum amor seria suficiente para suprir isso.

Roberto Devorik, outro de seus confidentes, acredita que Diana nunca tenha se recuperado emocionalmente da separação de seus pais. Ele tem certeza de que este foi o capítulo que "marcou a sua história". Em sua opinião, depois disso, mesmo os problemas mais banais assumiam uma importância desproporcional para ela, "por causa dessa ruptura em sua vida".

A família de Diana se desintegrou e, em parte, ela se culpava pela separação dos pais. Em algum momento ela ouviu dizer que, antes de seu nascimento, eles esperavam ansiosamente por um menino, pois já tinham duas filhas. Na verdade, dezoito meses antes de Diana nascer sua mãe havia dado à luz a um menino, que morreu com apenas onze horas de vida, e já havia recebido o nome de John. Em contrapartida, nenhum nome feminino havia sido escolhido quando ela nasceu, já que seus pais estavam certos de que teriam um menino. E ao ser batizada, em 30 de agosto de 1961, Diana não teve nenhum padrinho da realeza, diferentemente de sua irmã Sarah, que teve como madrinha a rainha-mãe, Elizabeth, e de Jane, que teve como padrinho o duque de Kent.

Mais tarde, a sensação de ser "uma menina que deveria ter sido um menino" tomou uma proporção enorme na mente de Diana, e ela estava convencida de que tinha sido uma decepção para seus pais.

"Desde o início, haviam esses sentimentos de inadequação", lembra Debbie Frank.

Diana deu semelhantes interpretações sobre os traumas de sua infância a vários de seus amigos depois de adulta. A percepção de suas carências não era declarada em comentários superficiais, mas de forma sincera e, quase sempre, como uma súplica.

Lady Elsa Bowker, outra amiga íntima de muitos anos, conta sobre as visitas que Diana fazia regularmente. "Era uma tarefa difícil, eu sempre tentava convencê-la de que era amada, e ela me encarava com aquele olhar de descrença. Eu dizia: 'Você tem o mundo aos seus pés'. Ela retrucava: 'Você chama isso de o mundo aos meus pés? Quando criança eu era indesejada, porque queriam um menino. Oh, Elsa, eu sou indesejada, eu sou indesejada'. Ela sempre repetia essas palavras... 'Eu sou indesejada'. Eram palavras terríveis de se escutar!"

Segundo Diana, quando criança ela teve todos os presentes materiais que poderia querer, mas nada do amor e da atenção que ela tanto almejava.

Quando seus pais se divorciaram, Johnnie Spencer obteve a guarda dos filhos e, durante o ano letivo, ela passava vários fins de semana viajando de trem entre Norfolk e a estação da Rua Liverpool, em Londres, para visitar a mãe. Diana sempre se lembrava das lágrimas de sua mãe durante essas breves visitas.

As férias escolares pareciam igualmente cruéis. Nas incontáveis viagens de trem entre as casas de seus pais, Diana parecia reservada e pensativa. Seus pensamentos ficavam sempre com aquele que tinha acabado de deixar. Partindo da casa de seu pai, ela dizia: "Pobre papai, nós o deixamos sozinho", e do mesmo modo, ao sair da casa de sua mãe, ela pensava, "Oh, pobre mamãe, ficou sozinha!".

Isso indicava o curso que as emoções tomavam na pequena Diana. Mas também foi um dos primeiros sinais de sua habilidade para manipular, através da qual aprendeu a jogar os pais um contra o outro.

Em 1972, com apenas onze anos de idade, Diana acabou perdendo o contato com sua mãe, quando Frances e seu novo marido, Peter Shand Kydd, decidiram se mudar para uma fazenda na remota ilha de Seil, na costa oeste da Escócia.

Diana estava emocionalmente à deriva. Com a negação de sua felicidade e de uma família unida na infância ela fugiu para um mundo de fantasia, um mundo de conto de fadas onde todos eram bons, todos se ajudavam e tudo tinha um final feliz.

A pequena Diana podia ser vista criando uma família imaginária na tentativa de receber amor e de dar, em troca, o seu carinho. Ela mantinha uma coleção de bichinhos de pelúcia que tomava tanto espaço em sua cama que mal sobrava espaço para ela mesma.

Sua babá, Mary Clarke, podia perceber o quão doloroso era para a menina posicionar cada um dos bichinhos no lugar exato toda vez que ia dormir, sem dar nenhum sinal de preferência a qualquer um deles. "Todos tinham que ter sua vez ao lado dela durante a noite". Ela os chamava de "minha família".

Houve uma época em que Diana teve, como animal de estimação, um porquinho-da-índia chamado Amendoim, que estava sempre com ela. Anos mais tarde, ao ver uma foto em que ela aparecia apertando o Amendoim junto ao rosto, Roberto Devorik comentou que não sabia que ela gostava de animais. Diana respondeu de forma reveladora: "Nessa época da minha vida eu via esses animais como se fossem meus filhos, minha família. Eu precisava me sentir incluída, eu precisava ter por perto um ser que pudesse me amar e a quem eu pudesse devolver esse amor".

O mundo de fantasia criado por Diana era alimentado pela literatura. Várias vezes ela podia ser encontrada enrolada no sofá, não com um, mas com vários livros de Barbara Cartland. Mary Clarke se lembra de como ela devorava esses livros, "com uma fúria tremenda". O seu mundo era um lugar imaginário cheio de amor e romance, onde o mais importante era o fato de os amantes "viverem felizes para sempre".

Mary Clarke se lembra muito bem de quando conheceu Diana, aos nove anos, e como estava ansiosa ao encontrá-la pela primeira vez, já que o seu trabalho dependia da primeira impressão que teriam uma da outra, e do choque que aquela conversa provocou.

Diana estudava em um colégio interno e as férias estavam começando. A primeira obrigação de Clarke seria dirigir até Riddlesworth Hall, cerca de uma hora de viagem de Sandringham, pegar Diana e trazê-la para casa.

A menina já estava esperando quando Mary chegou com o carro. Ao seu lado, no chão, estava um baú e toda a parafernália que o final de um período letivo produzia. Elas carregaram tudo no porta-malas do carro e juntas voltaram à escola para pegar o porquinho-da-índia antes de partir para Park House. Riddlesworth Hall permitia que os alunos trouxessem seus animais de estimação e Diana cuidava do Amendoim com tamanha dedicação que chegou a receber um prêmio de melhor cuidadora.

Durante o caminho de volta, as duas conversaram sem parar. Mary começou a puxar assunto com alguns temas gerais, porém seguros. Ela perguntou qual matéria Diana mais gostava na escola, e a menina respondeu que biologia era a sua preferida. Mas logo Diana "com sua maneira bastante habilidosa" começou a conduzir a conversa, passando de coelhos e reprodução para amor e casamento. "Tudo para estabelecer sua opinião, mesmo durante aquela hora de viagem, sobre o amor e o casamento", e Mary comenta, "o que achei muito estranho para uma criança tão nova".

Durante a viagem de carro, Diana confidenciou à nova babá os seus planos para quando fosse adulta e se casasse.

"Ela disse que jamais se casaria sem ter certeza de que estivesse amando e de que a outra pessoa também a amasse, porque sem amor poderia haver divórcio".

Diana encerrou a conversa com uma enérgica declaração: "Eu nunca vou querer me divorciar".

2

Eu queria voltar!

"É realmente uma ironia que você vá se casar com a única pessoa no país de quem não poderá se divorciar." Assim escreveu Mary Clarke em uma carta para Diana pouco tempo depois de seu noivado com o príncipe Charles ser oficialmente anunciado, em 24 de fevereiro de 1981.

"Se você tem certeza absoluta de que este é o homem que ama, desejo a você toda a felicidade do mundo e ofereço minhas congratulações."

Durante o noivado com Charles, Diana sem dúvida considerou essas palavras de Mary reconfortantes e se sentiu segura, achando que o seu casamento com o futuro rei não poderia jamais terminar em uma separação. Era algo impossível.

Diana há muito tempo estava convencida de que se casaria com alguém extremamente importante. Quando criança, seu pai dizia que ela estava destinada a grandes feitos. Além disso, todos aqueles livros de romance não diziam que em algum lugar lá fora existia um homem que iria literalmente "cair de amores por ela"? Essas imagens vinculadas, de destino e romance, estavam fortemente gravadas em algum lugar de sua psique.

Quando o príncipe Charles a pediu em casamento na noite de 6 de fevereiro de 1981, no castelo de Windsor, parecia que a busca pelo príncipe encantado com quem ela sonhava desde criança estava terminada.

Diana estava completamente apaixonada por Charles e, na sua mente, aquele casamento era um sonho de conto de fadas prestes a se tornar realidade, a resposta à sua procura por um marido e por uma família feliz. Como uma adolescente — apesar de tudo ela ainda tinha apenas dezenove anos — com uma vida relativamente resguardada, ela era muito suscetível à idealização infantil dessas imagens românticas.

Por isso tudo, foi terrível saber que Charles já amava outra pessoa. Tempos depois, Diana contou a seus amigos que quando descobriu sobre Camilla ficou devastada, mal podia acreditar.

É claro que qualquer um que lesse um jornal saberia que Camilla e Charles tiveram um "caso" durante um tempo e que ele teve muitas outras namoradas ao longo dos anos. Diana estava tão ciente quanto qualquer pessoa de que ela não era a primeira mulher na vida de seu príncipe.

Charles conheceu Camilla Shand, como se chamava na época, em 1972, quando ele estava na Marinha. Não seria o primeiro romance a surgir entre as duas famílias. A bisavó de Camilla era Alice Keppel, amante do rei Edward VII. O príncipe não estava preparado para se comprometer e, em julho de 1973, Camilla se casou com Andrew Parker Bowles. Charles havia perdido a chance de tê-la como esposa, mas ela continuaria sendo sua confidente e a relação amorosa seria retomada no final dos anos 1970.

Durante o início do namoro, Diana achou que esse assunto poderia ser facilmente resolvido, já que, depois que estivesse casada com Charles, Camilla não seria mais um problema. Ela estava certa de que Camilla não seria um obstáculo para a sua felicidade. De algum modo, ela acreditava que tudo ficaria bem.

Mas ela logo descobriu que as coisas não seriam da forma como havia planejado, e que Camilla ainda ocupava um enorme espaço no coração de Charles. Era algo que a jovem Diana não podia suportar.

No dia 29 de julho de 1981, o mundo inteiro foi tomado de excitação e alegria. A única pessoa que não partilhava dessa felicidade era exatamente aquela que deveria estar vivendo o seu dia mais especial. Quando Diana Spencer saiu de Clarence House para a Catedral de São Pedro, a caminho de se tornar sua majestade real, a princesa de Gales, seu estado de espírito beirava o desespero.

Ela chegou a descrever o que sentiu no dia do seu casamento à astróloga Penny Thornton, que conheceu cinco anos depois. Diana ligou inesperadamente para Penny em março de 1986, depois de saber sobre ela através de sua futura cunhada, Sarah Ferguson. Durante seis anos, Penny atuou como sua astróloga pessoal e confidente.

O ponto alto de suas conversas tratava do que havia se passado na cabeça de Diana na noite anterior ao casamento.

No início daquela noite, o príncipe Charles acendeu a primeira de uma série de 102 fogueiras comemorativas em Hyde Park, seguido de uma longa apresentação de fogos de artifícios que brilharam por quase uma hora no céu de Londres.

Diana contou que Charles não estava sozinho naquela noite, ele estava com Camilla. "Ele passou a noite que antecedeu o nosso casamento com essa mulher!", ela disse. Penny se lembra das palavras exatas, pois as escreveu em uma caderneta logo em seguida. Apesar de não sabermos se os fatos correspondem à realidade, essa foi a história que Diana contou à astróloga e que, claramente, surtiu na princesa um grande impacto.

Mas não foi só isso que atormentou a mente de Diana na véspera do casamento. Naquele mesmo dia, mais cedo, Charles havia dito a ela, de forma categórica, que não a amava. Pelo modo como Diana contou, Penny acredita que, para Charles, era importante fazer isso, para aliviar sua consciência; assim ele poderia se casar acreditando que tudo estava claro e que Diana entenderia. Para ela, no entanto, não importava o modo como isso era colocado, a revelação era devastadora, seus sonhos estavam despedaçados.

Por isso, no dia do casamento, enquanto o ar estava impregnado de alegria e satisfação, e os súditos lotavam as ruas da cidade para ver o cortejo do casamento e milhões de pessoas no mundo inteiro estavam sintonizadas para assistir à cerimônia, a sensação de Diana a respeito do que deveria ser o "dia mais feliz de sua vida" era dramaticamente diferente. Ela seguia até o altar com a absoluta certeza de que se dirigia a um homem que não a amava.

Enquanto caminhava em direção a Charles, segurando o braço do pai, Lord Spencer, ela parecia tímida e apreensiva, mas ninguém podia imaginar o que estava se passando em sua cabeça. Ela contou à Penny Thornton que o pensamento que girava sem parar em sua mente era "Será que eu devo parar? Será que eu devo parar?". "Penny", ela disse, "Eu queria voltar!".

Penny Thornton comenta, "A propensão de Diana em se sentir rejeitada era enorme. Ela realmente não possuía os recursos necessários para superar as dificuldades emocionais do início de seu casamento. Ela simplesmente não era forte o suficiente para encarar Charles de igual para igual ou para manter-se indiferente diante dos acontecimentos".

Em sua nova vida como princesa, Diana se sentia incompreendida e muito sozinha. Haviam muito poucas pessoas a quem pudesse recorrer e ela tinha a sensação de que estava vivendo uma completa mentira. Como esposa do futuro rei, a expectativa era a de que ela se comportasse como se nada estivesse acontecendo enquanto seu casamento desmoronava. Para alguém como Diana, que acreditava tanto no amor e que necessitava ser amada, tal situação deve ter sido insuportável e desesperadora, um rascunho caricatural de tudo o que considerava importante na vida.

Era notória a sua mudança, perceptível até no tom das cartas que escrevia. "Faltava leveza", diz Mary Clarke. Logo após o seu casamento, Diana escreveu à sua antiga babá expressando seu pesar pelo fato de o marido de Clarke estar partindo para Uganda. Diana mencionou como se sentiria desesperada se a *sua* outra metade partisse.

Em outra carta, seis meses após o casamento, ela contou à Mary que estava pensando seriamente em aprender a cavalgar. Esta era uma brincadeira que as duas faziam desde que Diana sofreu um acidente cavalgando, quando criança. Ela ficou tão traumatizada que, desde então, nunca mais havia sequer se aproximado de um cavalo. Agora lá estava ela, cogitando até aprender a montar, apenas porque achava que isso proporcionaria a ela uma rara oportunidade de ficar a sós com o marido.

O casamento com Charles funcionava como um catalisador de todos os sentimentos dolorosos de sua infância, trazendo à tona sua insegurança, o sofrimento causado pela dor da traição e o isolamento. O aparente descaso de Charles com suas emoções parecia tornar os sentimentos mais intensos e, às vezes, ela parecia totalmente subjugada.

Contudo, Diana não iria manter seus sentimentos confinados. Ela queria que Charles visse sua aflição. Durante a lua de mel, em Balmoral, na Escócia, Diana ficou grávida de William, e quando passava o seu primeiro Ano-Novo com a família real, de acordo com o que contou a Andrew Morton, ela se jogou das escadas em Sandringham. Essa foi a primeira das várias tentativas de suicídio que se tornaram conhecidas. Apesar de que, provavelmente, significassem mais uma tentativa de chamar a atenção do que de se matar. Entretanto, quanto mais ela demonstrava seus sentimentos, mais alienado Charles se tornava. Ao tentar reconquistá-lo ela estava, de fato, o afastando ainda mais. Era um terrível círculo vicioso.

A sua bulimia, o conhecido transtorno alimentar que tantos jornalistas e escritores acreditavam ser a prova do seu desmoronamento, era outro grito por socorro. Na noite que antecedeu o casamento, Diana disse que teve uma séria crise bulímica, e que na lua de mel foi muito pior. Ela sofria até quatro ataques por dia. Em outubro, estava tão magra que seus ossos ficaram aparentes. Ela perdeu a capacidade de lidar com as tarefas do dia a dia, tornando-se emocionalmente anestesiada. Impossibilitada de contar com o amor que buscava, a comida funcionava como um substituto dos principais elementos ausentes em sua vida, numa tentativa de se sentir preenchida com o que estivesse à mão.

O nascimento de William, em 21 de junho de 1982, bem como o de Harry, dois anos depois, em 15 de setembro de 1984, pouco ajudaram a aliviar a desilusão que ela sentia.

A necessidade que Diana tinha de pertencer a uma família era tão importante a ponto de fazê-la acreditar que encontraria um lar na família real. Mas o ambiente familiar que ela desejava não poderia estar mais ausente da vida dos Windsor, presos à uma estrutura determinada pela história e pela tradição. A família real, em contrapartida, encarava o desempenho do papel de Diana como um dever ao país; eles não tinham tempo para as suas explosões de lágrimas nem para os seus protestos, muitas vezes permeados de violência física.

Nos últimos anos, ela contou ao amigo Roberto Devorik sobre um pesadelo recorrente que passou a ter depois do nascimento de Harry. O argentino Devorik, dono de uma boutique na Bond Street, fora chamado para vestir a princesa antes do casamento com Charles. Nos anos seguintes, se conheceram melhor através de projetos sociais, como o AIDS Crisis Trust, e Roberto se tornou um confidente à quem Diana recorria em busca de conselhos. Ela contou a ele ter sonhado que seu marido estava prestes a ser coroado rei e ela rainha. A coroação acontecia na Abadia de Westminster e marido e mulher estavam sentados juntos, diante da congregação e do mundo. A coroa do rei foi trazida e colocada na cabeça de Charles, encaixando-se perfeitamente. Mas ao colocarem a coroa em Diana, a peça escorregou pelo seu rosto e pescoço. Ela lutava, mas não conseguia tirá-la. Não podia enxergar e começava a sufocar...

O seu subconsciente parecia estar querendo dizer, de forma particularmente dramática, que ela não seria capaz de permanecer casada com a família real e que seu futuro estava em outro lugar.

3

O IMPOSSÍVEL ACONTECE

A manifestação real dos medos que estavam por trás dos pesadelos de Diana, recorrentes ao longo de tantos anos, acabou vindo à tona em 1992.

Os primeiros comentários a respeito das dificuldades no casamento vieram à público através dos jornais já em 1985. No ano seguinte, Charles reatou com seu antigo amor, Camilla Parker Bowles, depois de anos separados, e o transtorno alimentar de Diana, bulimia nervosa, não apresentava nenhum sinal de melhora. O casal real continuava cumprindo seus compromissos oficiais, mas na vida particular, seguia por caminhos opostos.

Em novembro de 1986, Diana começou a receber aulas de equitação de um certo major James Hewitt. Na tentativa de reagir ao comportamento de Charles e de atrair alguma atenção, não demorou muito para que ela se envolvesse em um caso amoroso com ele.

Filho de um oficial da marinha real, Hewitt era o capitão da cavalaria encarregado dos estábulos de seu regimento, o Life Guards. Desde o início, a relação se manteve sob o controle de Diana, um padrão que seria seguido em todos os seus envolvimentos amoros, exceto um.

No verão de 1987, o príncipe Charles passou mais de um mês no castelo de Balmoral enquanto sua esposa estava em Londres. A imprensa calculava que eles haviam passado apenas um dia juntos em seis semanas e muito se especulava sobre uma possível separação.

Por volta de 1991, os sussurros estavam ficando cada vez mais altos. Surgiram informações revelando que Diana e Charles passavam suas férias e visitas oficiais em quartos separados e no seu décimo aniversário de casamento, em 29 de julho de 1991, Diana já havia iniciado uma série de entrevistas com o repórter Andrew Morton, que formariam a base de seu livro *Diana, sua verdadeira história*. Ela estava determinada a revelar toda a verdade sobre a relação de Charles com Camilla Parker Bowles.

Apesar de uma sucessão de anos repletos de infelicidade, traumas psicológicos e infidelidades matrimoniais, 1992 se tornou um ano particularmente notável na vida de Diana, um importante ponto de mutação.

Na época, o romance de cinco anos com James Hewitt já havia chegado ao fim. Sua unidade, a Life Guards, estava posicionada no Kuwait após a invasão do Iraque. Algum tempo depois da sua liberação, em 28 de fevereiro de 1991, Hewitt retornou à Inglaterra, e o seu caso com a princesa, que surpreendentemente havia permanecido em segredo por tanto tempo, finalmente fora revelado à imprensa. Diana, definitivamente, já não tinha mais o controle da relação, e decidiu terminá-la. Anos depois, Hewitt declarou que ela simplesmente parou de ligar e de atender as suas ligações, não houve um "rompimento", e ele sequer teve a chance de dizer adeus.

Então, em 29 de março de 1992, o conde Spencer morre em um hospital, vítima de ataque cardíaco, aos 68 anos de idade.

Diana estava com a família, passando a temporada de esqui em Lech, na Áustria, e a notícia da morte súbita de seu pai foi um grande choque.

Até aquele momento, em sua vida de casada, Diana se sentia um tanto solitária, mas agora ela tinha a certeza de que estava completamente sozinha. "Para Diana, o pai era considerado como um visto em seu passaporte da vida. Então, de repente, ele não estava mais lá e ela teria que começar a viajar sozinha", recorda Roberto Devorik.

Agora era notório para qualquer um que observasse a realeza que Diana estava profundamente infeliz. Os sinais de uma princesa sitiada apareciam claramente em muitas imagens, em particular nas famosas fotografias tiradas em fevereiro de 1992, em que Diana aparece sentada sozinha em frente ao Taj Mahal, na Índia. Três meses depois, ela era fotografada sozinha, outra vez, aos pés da pirâmide de Giza no Egito.

As expressões capturadas em filmagens e fotografias foram interpretadas como sintomas de um casamento infeliz. Diana, sem dúvida, aproveitou a oportunidade que as fotos ofereciam para projetar uma imagem que ela acreditava que iria obter a compaixão do povo, porque a seu ver, ninguém sabia como ela se sentia aprisionada ou o quanto a relação com Charles era desprovida de amor.

Mas logo todos ficariam sabendo, pois em junho daquele ano seria publicado o livro de Andrew Morton, *Diana, sua verdadeira história*, que retratava a princesa como uma vítima passiva de um príncipe sem coração e de sua família insensível.

Quaisquer esperanças remanescentes no coração das pessoas de que o príncipe e a princesa de Gales poderiam ainda se gostar, ou quem sabe até se amar, evaporaram completamente. O livro chocou o mundo, e conseguiu afastá-la ainda mais de Charles e de sua família.

Contudo, serviu também para angariar um grande apoio do público, que simpatizava com Diana. Em contrapartida, Charles passou a ser tratado como o marido insensível e infiel. Ninguém sabia, até aquele momento, a extensão do envolvimento de Diana com o projeto de Morton.

Quando, em 9 de dezembro de 1992, Charles e Diana concordaram em se separar, os acontecimentos fecharam um círculo; a única coisa que Diana queria evitar a todo custo — o divórcio —, agora parecia inevitável. Os seus piores medos desde a infância, de ser traída e abandonada, vinham à tona pela segunda vez em sua vida, e desta vez, à vista de todos.

A mulher que emergiu daquele ano tinha lutado em uma série de exaustivas batalhas, internas e externas. Diana estava muito cansada. Ela precisava encontrar a paz, precisava de uma reconciliação consigo mesma e com o mundo.

Pelos próximos cinco anos, a casa de Diana seria um apartamento no palácio de Kensington. Ele se transformou em seu refúgio após o colapso de um casamento sem amor.

4

Em casa, sozinha

....

Diana acorda com a sétima badalada. A manhã sempre foi a sua parte preferida do dia porque é quando tudo ganha vida. Ela olha para fora através da janela do quarto, tudo está calmo, mas em alguns lugares já pode ver a agitação das atividades fora do palácio. É como um novo começo, e Diana não tem dificuldade para se levantar da cama. Ela veste uma camiseta, leggings, calça os tênis e sai para a sua corrida matinal nos jardins do palácio de Kensington. O movimento compassado dá a ela tempo para refletir sobre o dia que tem pela frente.

O palácio de Kensington está no limite oeste do magnífico Hyde Park, em Londres. É um vasto complexo de apartamentos luxuosos, cada qual com suas áreas privadas e jardins.

Ao voltar para o palácio, Diana toma um rápido café na companhia de seu mordomo, Paul Burrell, caso ele já tenha chegado para trabalhar.

Depois do café é hora de encarar o mundo real, em particular os congestionamentos que inevitavelmente pontuam seu caminho até a academia. Ela é fanática por manter a boa forma e vai à academia todos os dias em busca da perfeição física, obcecada pela sua aparência. Ela tem que provar ao menos para si mesma que é atraente.

Sua extensa rotina de cuidados com o corpo ocupa uma boa parte dos seus dias que, de outra forma, estariam desocupados.

Por volta das nove da manhã ela está de volta ao palácio. O cabeleireiro do salão Daniel Galvin já está à sua espera para lavar e secar os seus cabelos.

A essa hora, se já não estiver falando com alguém, Diana liga para alguns amigos. Durante a conversa, ela conta como está se sentindo, o que está fazendo e o que irá fazer mais tarde.

O telefone se tornou seu maior aliado. É como se ela não se preocupasse com o valor da conta telefônica, pois suas ligações muitas vezes se estendem por horas. Ela sente uma grande necessidade de conversar regularmente com várias pessoas diferentes.

Diana gosta que haja sempre uma música tocando no ambiente e, ao contrário do que muitos pensam, é uma grande admiradora dos clássicos. Nesta manhã, Tchaikovsky pode ser ouvido em todo o apartamento, que possui quatro andares e um terraço para banhos de sol. Ela redecorou todo o espaço desde a saída de Charles. Agora seu apartamento é feminino e cheio de vida. Ele perdeu o ar sisudo depois que o carpete estampado de penas do príncipe de Gales foi substituído por tons pastéis de sua própria escolha. É muito acolhedor.

Ela vai para o seu "pequeno lounge", ou sala íntima. É um dos seus cômodos favoritos, abarrotado de recordações, bibelôs e centenas de fotografias de toda a família. Essas são as pessoas com quem Diana pode contar, eles estão com ela mesmo que esteja sozinha.

No canto da sala, o "canto do conhecimento", como diz Diana, há alguns livros empilhados em uma cadeira, mas são só decorativos. Existem também pilhas e pilhas de livros sobre Jackie Kennedy, uma biografia e filmes de Audrey Hepburn. Muitas das publicações foram presenteadas por pessoas que acharam que poderiam ser "úteis". Mas ela mantém os que realmente gosta de ler ao lado de sua cama. Normalmente, são livros de autoras como Catherine Cookson e Danielle Steel, que contrastam com uma cópia do Alcorão, recebida em sua viagem ao Paquistão dois ou três anos antes.

Por toda parte do apartamento de Diana, em Kensington, existem recordações de seu passado. Todos os bichinhos de pelúcia que ela arrumava com tanto cuidado quando criança estão agora em seu quarto de dormir no palácio. Eles ficam em sua cama ou na pequena chaise longue em frente à cama. Todos têm o seu lugar e cada um possui um nome. Para eles, nada mudou.

Ela se encaminha para a mesa ao lado da janela. O telefone está sempre à mão, é claro, e o mata-borrão está preparado para um possível derramamento de tinta em suas cartas. Existe sempre uma pilha de correspondências *necessitando de sua atenção, mas isto não é uma obrigação. Diana adora escrever cartas, isso a coloca em contato com as pessoas.*

Por hoje, chega de cartas, é hora da terapia. Nesta manhã, ela está recebendo uma massagem tailandesa. Nos últimos anos, Diana tem se voltado para a medicina alternativa numa tentativa de se fortalecer para lidar com suas inseguranças. Ela começou a explorar todas as formas de cura alternativa, acreditando que esses tratamentos proporcionarão um método para que ela resolva seus problemas físicos e mentais.

Seus tratamentos parecem um léxico de medicina complementar. Diana usa osteopatia, reflexologia, acupuntura, shiatsu, massagem, irrigação do cólon, aromaterapia, acupressura, massagem tailandesa, cura energética, quiropraxia, fitoterapia, homeopatia, osteopatia craniana, psicoterapia e hipnose. Estes são apenas alguns tratamentos com os quais Diana se envolveu. Ela foi capaz até de se imaginar colocando fósseis amarrados em suas pernas.

Além disso, ela também segue dietas especiais, macrobiótica, microbiótica e a "dieta dos sucos". Depois da separação de Charles, tem tomado pílulas para dormir à noite e pílulas para acordar na manhã seguinte.

Os amigos de Diana a descrevem como uma grande buscadora, incrivelmente aberta a novas formas de se viver. Ela não quer que sua vida siga em linha reta, quer descobrir o que mais existe lá fora e de que outras formas a vida pode ser conduzida. Neste sentido, ela é porosa e quer se encharcar com as diferentes atitudes e ideias das pessoas.

Por isso tudo, Diana se tornou quase dependente da atenção de gurus da saúde, conselheiros psíquicos e místicos. Ela encara cada terapeuta como alguém designado apenas para o seu tratamento, única e exclusivamente. É a alternativa que encontrou para não somente tentar superar psicologicamente sua dor e luta interna como, através do mimo e da atenção de seus terapeutas, obter uma parte do amor que tanto necessita.

Quando está em Londres, seus tratamentos ocupam a maior parte do seu tempo na semana. Algumas vezes ela chega a consultar até quatro profissionais em um só dia e faz duas seções de irrigação do cólon por semana.

Resumindo, Diana se transformou em uma viciada em terapias alternativas. Anos depois, ela admitiria que apesar da fartura e da diversidade de atenção que recebia, não sentiu nenhuma melhora. Na verdade, os terapeutas comumente discordavam entre si.

Depois do almoço, Diana assina as cartas escritas mais cedo e, em seguida, é hora de ver os assuntos do resto do dia. Ela caminha para o salão infor-

mal, onde recebe a visita de jornalistas e de representantes de organizações filantrópicas.

Esta é a rotina que Diana passou a viver no palácio de Kensington logo após a separação de Charles. Ela compara essa vida a ser colocada em uma gaiola de ouro — o pequeno pássaro está cercado por barras de ouro, ele pode ver o mundo lá fora, mas só pode contemplar de seu poleiro e ansiar pela liberdade. Se ela sai da sua gaiola de ouro logo é cercada por centenas de fotógrafos, mas se não sai fica sozinha. A realidade é que se ela quiser ter os filhos por perto não existe outra escolha.

Ela é a mulher mais fotografada do mundo, nenhuma outra celebridade provocou tamanho impacto global. É um fenômeno, um ícone de seu tempo. Possui centenas de milhões de admiradores e é cercada pelos aplausos da multidão em qualquer lugar que vá e, ainda assim, algo parece estar faltando. No cerne de sua fama reside um paradoxo, o de uma mulher vulnerável e insegura que não acredita que é amada e que se sente muito sozinha.

Tais sentimentos aumentam a cada vez que volta para o seu apartamento vazio no palácio. Ela pode ter acabado de chegar de um evento de gala ou de uma festa beneficente onde milhares de pessoas a idolatraram, mas a realidade é que ela volta para casa e janta em frente à TV, com um sentimento vazio de quem não tem com quem conversar.

O palácio de Kensington é um lugar enorme, que possui muitos apartamentos concedidos "graciosamente" pela rainha a vários membros da família real. Ele abriga as residências londrinas da princesa Margaret, da princesa Alice, duquesa de Gloucester, do duque e da duquesa de Gloucester e do príncipe e da princesa Michael de Kent. Existem também muitos apartamentos menores, alguns deles usados por servidores da coroa; como lorde Robert e lady Jane Fellowes, irmã mais velha de Diana, que morava lá quando lorde Robert era o secretário particular da rainha. Diana tinha sua própria equipe que incluía uma secretária particular, dois assistentes, um mordomo, uma governanta, um costureiro e um cozinheiro, mas nenhum deles vivia no palácio.

Roberto Devorik descreve uma imagem da princesa em seu ambiente doméstico. "O que é mais triste do que viver sozinho em sua própria casa? Esta é a imagem que tive de Diana por muitos anos, cercada de belas pinturas, excelentes sofás e belos objetos de arte. Ela permanecia sozinha sentada por semanas esperando para encontrar os amores de sua vida, seus filhos.

Era desolador ver aquela mulher tão bajulada e com o mundo aos seus pés, depois das seis da tarde, se sentar sozinha, segurando uma bandeja com seu prato de sopa, seu copo de água ou de vinho, noite após noite. Era isso ou bater na porta de algum amigo ou ir a algum evento de gala".

Os amigos de Diana diziam que sua solidão era palpável, algo que chamava a atenção. Sua amiga e astróloga, Debbie Frank, conta: "Diana realmente ansiava ser amada, ela era muito carente de amor em toda sua vida. Ela o obtinha de muitas fontes diferentes. De seus filhos, claramente, e isso era muito constante, de seus amigos e do público. Ela tinha uma conexão muito forte com o povo, e isso a fez realmente acreditar que podia se conectar com as pessoas comuns. Mas em termos pessoais, em suas relações ela buscou algo por toda sua vida".

Roberto Devorik acrescenta: "Diana se interessava pelo amor por ser a única coisa que não conseguia possuir. Exatamente como quando alguém vê um relógio muito caro numa vitrine e pensa, 'Eu quero este relógio'. E sonha, guarda dinheiro e finalmente consegue comprá-lo. Mas assim que ele sai da vitrine já não possui o mesmo valor, a fascinação acaba. Diana nunca tirou o relógio — essa palavra chamada amor — da vitrine. Ela não conseguia alcançá-lo como idealizava. E por essa razão entrava nos relacionamentos como um elefante em uma gaiola de cristal; casos que muitos de seus amigos eram totalmente contra. Era pura frustração, vontade de se sentir desejada, amada e necessária, sem nunca obter o que queria".

No palácio de Kensington, a gaiola de ouro onde se sentia rejeitada e isolada do mundo, o telefone se tornou um de seus maiores aliados. Era o seu principal meio de comunicação com o mundo, e com o passar dos anos, o tempo que passava falando ao telefone aumentou consideravelmente, e não apenas quando estava no palácio. Usando celulares, telefones fixos ou por satélite, em qualquer parte do mundo onde estivesse, Diana sempre tinha que comentar sua vida, detalhadamente.

5

Simplesmente me chame de Diana

Simone, é Diana, estou em uma reunião. Agora são três horas e estarei em reunião por mais uma hora. Tudo transcorreu muito, muito bem no almoço; contarei quando terminar aqui. É isso, muito amor, tchau.[1]

A secretária eletrônica emite um clique e um bipe quando a mensagem termina, em um dos apartamentos da Sentinel Square, em Hendon, ao norte de Londres. Qualquer um que fizer uma visita à Sentinel Square não se impressionará com nada. Não é o tipo de praça em que você se senta em cafés ao ar livre tomando cappuccino como na vila Battersea, ou pode admirar uma série de terraços georgianos, como em Hampstead. Em lugar disso, jovens se balançam em postes de luz em frente ao supermercado Tesco e pedaços de embalagens de doce, tocados pelo vento, ficam presos nos canteiros de flor. Há um cartaz de uma academia que promete o corpo que você sempre sonhou, mas parece que ninguém toma conhecimento. A preocupação dos habitantes daqui não é com a beleza do corpo. Subindo ao lado da praça, há um bloco de apartamentos com nove andares que lembra as horríveis cons-

---

[1] Mensagem deixada por Diana na secretária eletrônica de Simone Simmons.

truções pré-fabricadas dos anos 1960. No tenebroso corredor, um homem idoso resmunga sobre ter ficado preso no elevador e preferir usar as escadas. O lugar parece abandonado.

Não há nada para destacar o lugar dentre tantos outros bairros urbanos se não fosse o fato de um de seus moradores desenvolver uma amizade única com a mulher mais famosa do mundo, uma amizade mantida até depois da morte.

Em contraste com o tom acinzentado do corredor e das escadas, o apartamento é iluminado por uma exótica paleta de cores que salta aos olhos. Paredes com um tom amarelo brilhante se misturam com sofás alaranjados e móveis lilás. As cortinas são vermelhas. Forrando as prateleiras no hall de entrada e na sala de estar, há cristais de todos os tipos, tamanhos e formas. As pessoas decoram suas casas com porcelanas e objetos de vidro, mas os ornamentos na casa desta mulher têm uma função, ela acredita fervorosamente em suas propriedades terapêuticas.

O apartamento não é maior do que uma cabine de navio e no meio da sala, a mulher se senta de pernas cruzadas, cercada por seus três gatos, Precious, Ploopsey e Sooty.

Ela tem boêmios cabelos vermelhos e olhos verdes acinzentados que chamam a atenção. Seu nome é Simone Simmons, e Diana a chamava de "arma secreta". Ela possui uma sinceridade reconfortante, sem arestas, indiferença ou desconfiança; é muito franca e usa uma linguagem bem pé no chão. Diana achava que ninguém suspeitava que fossem tão íntimas como de fato eram.

Isolada da família real e seguindo as formalidades da separação de Charles, no final de 1992, Diana começou a virar as costas ao sistema e suas tentativas de encontrar uma identidade própria ganharam mais urgência.

Diana passou a construir uma corte alternativa ao seu redor que incluía muitos astrólogos e terapeutas, e começou a se apoiar cada vez mais nos membros de sua nova corte para fugir da solidão, construindo amizades íntimas bem distintas dos círculos da realeza. Simone e Diana se conheceram através de um amigo em comum, num centro terapêutico de Londres. Foi pouco antes ou pouco depois da dramática declaração feita pela princesa, em 3 de dezembro de 1993, anunciando sua retirada da vida pública, cujo motivo seria a opressiva atenção da mídia, especialmente à sua vida pessoal, que "era difícil de suportar". Com este espírito, ela pediu "o tempo e o espaço que faltaram a ela nos últimos anos".

Não é difícil entender porque Diana encontrou em Simone um antídoto para sua própria vida. Rapidamente, os assuntos banais e as brincadeiras bem-humoradas passaram a fazer parte de todas as suas conversas.

Simone nasceu em Hampsted. Ela trabalhou como agente de saúde antes de se tornar, em 1990, uma terapeuta energética em tempo integral.

Seu pequeno apartamento em Londres, no subúrbio da classe operária de Hendon, está a um mundo de distância do brilho e do glamour de Kensington. A primeira vez que Diana a convidou para ir ao palácio, Simone não sabia sequer onde ficava, e foi obrigada a perguntar o endereço.

"Simplesmente me chame de Diana", disse a princesa em seu primeiro encontro, ao que a terapeuta responde, "Bem, você pode me chamar simplesmente de Simone!".

Em seguida, ela pede desculpas e diz que precisa tirar os sapatos porque seus pés a "estavam matando". Ela vestiu sua melhor roupa para a ocasião, mas seria a primeira e última vez. "No futuro", ela disse, "você terá que se acostumar com meu estado natural!".

A amizade de Diana e Simone Simmons partiu de uma base puramente profissional. Na tarde em que se conheceram, antes da primeira visita de Simone ao palácio, ela se lembra que Diana estava muito agitada e incapaz de permanecer quieta. Simmons sentiu que a princesa estava sofrendo de uma terrível dor emocional, havia nela uma insegurança e um sentimento de culpa por tudo o que estava acontecendo de errado em sua vida.

De acordo com Simone, "três grandes cargas de lixo emocional" foram extraídas naquela primeira sessão.

As cicatrizes da automutilação eram evidentes em seus braços e coxas; na opinião de sua nova terapeuta, Diana estava se punindo ao mesmo tempo em que fazia de tudo para agradar as outras pessoas.

"Diana tinha o péssimo hábito de se culpar por tudo que acontecia de errado em sua vida emocional. E logo começou a se ferir, primeiramente para transferir a dor ao físico e também esperando que alguém notasse e desse a ela um pouco de atenção."

Quando passaram a conversar com mais frequência, Diana convidou Simmons para ir ao seu apartamento no palácio de Kensington, e "limpar" o ambiente da energia negativa que havia ficado de seu casamento, e a partir de então, a relação logo se transformou em uma amizade muito especial.

Vista de fora, a amizade de Diana e Simone Simmons dava a impressão de um improvável encontro de mentes, pareciam não ter nada em comum, nem qualquer interesse compartilhado. Contudo, no cerne dessa relação estava o anseio de Diana por uma vida normal, com a liberdade para fazer coisas comuns, como qualquer pessoa, longe do aquário submetido ao escrutínio público em que vivia. Diana achava que poderia "agir naturalmente" com sua nova amiga, e nas memórias de Simmons, a lembrança mais constante é a do desejo de Diana de viver uma vida comum.

As noites compartilhadas com Simone normalmente se passavam na sala íntima de Diana, no palácio de Kensington. Lá havia dois sofás posicionados em ângulos retos, um tapete e, em frente à lareira, uma grande almofada em formato de hipopótamo, onde Simone gostava de ficar. Juntas, assistiam a algum programa na televisão, ou apenas conversavam e fofocavam até as primeiras horas da manhã. As duas tomavam chá, não em xícaras de porcelana fina, mas em canecas, "as que não eram reservadas para ocasiões formais".

Simmons revela que Diana era viciada em telenovelas. "Ela amava *EastEnders*, e nas noites de sábado, durante *Casualty*, não admitia nenhuma interrupção". Se as duas não estivessem juntas, Diana muitas vezes ligava para Simone depois de assistir *Coronation Street* e *Brookside*, para comentar sobre os capítulos.

Em uma manhã de sábado, Diana ligou para Simone. "O que você irá fazer mais tarde, quer vir jantar comigo?". Simone perguntou o que ela tinha para o jantar e Diana respondeu que não tinha nada além de uma salada, deixada pela cozinheira. Simone disse que Diana deveria ter macarrão e molho de tomate, o tipo de mantimento que toda cozinha tem. Mas Diana garantiu que não tinha nada na cozinha.

Simone ficou de comprar algumas coisas no mercado e falou que chegaria por volta das 18 horas, junto com a amiga em comum Ursula Gatley, a terapeuta de cólon de Diana.

Quando chegaram ao palácio, as duas amigas foram apresentadas a Richard Kay, do *Daily Mail*. Em seguida, Diana as levou até a cozinha e elas começaram a cortar vegetais e ervas. A princesa ficou assistindo, em completa admiração. Enquanto o macarrão cozinhava, Ursula foi ao banheiro e acidentalmente apertou o botão de emergência no lugar do interruptor de luz. Em segundos, seis policias invadiram a cozinha e iniciaram um minucioso e bem treinado procedimento de segurança, para se certificarem de que estava tudo bem.

Ao término daquela situação embaraçosa, Simone decidiu espiar dentro de alguns armários da cozinha e, para sua surpresa, descobriu que um deles estava abarrotado de pacotes de macarrão e, em outro, encontrou uma quantidade enorme de latas de molho de tomate! Diana simplesmente não havia pensado em olhar dentro dos armários da cozinha e não tinha a menor ideia de que toda aquela comida estivesse ali! Ela ficou impressionada com a descoberta de Simone. "Parecia que tínhamos encontrado ouro."

Esta foi a primeira de muitas refeições preparadas na cozinha do apartamento no palácio de Kensington. Depois do jantar, era hora de lavar a louça, uma tarefa que Diana adorava.

Simmons relembra como a princesa executava os afazeres domésticos de forma amorosa; nunca encarava como uma obrigação. Certa ocasião, depois do jantar, Diana abriu uma gaveta e olhou para a prataria, dizendo: "É assim que minha equipe faz". Em seguida, ela lavou e poliu tudo de novo, e falou: "É assim que *eu* faço". Como se estivesse querendo afirmar uma nova realidade, Diana disparou pela cozinha abrindo todas as gavetas, retirando o que sua equipe tinha limpado para lavar e polir tudo outra vez, até que estivesse brilhando. A terapeuta se recorda como Diana gostava de esfregar o seu próprio banheiro.

Ela também se divertia passando roupas, com certeza um dos trabalhos domésticos mais detestáveis. Sentia uma verdadeira satisfação em eliminar pregas e dobras das roupas, como se estivesse materializando a maciez em sua existência. Os afazeres domésticos deram à Diana o propósito pelo qual ela tanto ansiava, colocando-a em contato com um pouco da normalidade.

Simone conta que Diana mantinha um espírito infantil, ao lembrar como ela adorava corrimões. Quando criança, em Park House, ela gritava com alegria enquanto escorregava no corrimão que dava para a enorme sala. No palácio de Kensington, os corrimões eram encerados e polidos para aumentar a suavidade e a velocidade. As ponteiras que se projetavam do corrimão irritavam Diana porque encurtavam a brincadeira, mas, mesmo assim, ela ainda escorregava pelos pequenos percursos possíveis e estimulava os filhos a fazer o mesmo junto com ela. Muitas vezes, se sentava em uma bandeja de prata como se fosse um trenó e descia as escadas feito um tobogã.

Como a maioria das mulheres, ela estava sempre preocupada com rugas, linhas de expressão e tudo que estivesse relacionado ao processo de envelhecimento. Diana e Simone falavam muito sobre banhos de espuma, óleos essenciais relaxantes e maquiagens que poderiam fazê-la parecer mais jovem.

Simone estava conhecendo a verdadeira Diana, a mulher por baixo do verniz de princesa. Ela recorda, com carinho especial, de uma de suas visitas ao palácio de Kensington, quando Diana abriu a porta de seu apartamento e ainda estava com uma máscara de lama no rosto. "Eu nunca tinha visto Diana assim antes. Só conseguia ver aqueles dois olhos azuis me encarando, enquanto ela murmurava "Mmmmmmm", já que não podia falar. A máscara ainda estava endurecendo, e ela não queria quebrá-la. Mas ela não aguentou, teve um ataque histérico e a máscara acabou se quebrando".

A terapeuta costumava fazer caminhadas em Hampsted Heath com Richard Kay, Diana e seu mordomo, Paul Burrel. "Enquanto caminhávamos, as pessoas costumavam olhar em nossa direção e, ao avistar Diana, pareciam pensar 'Oh, é ela!', mas depois de ver o resto do grupo, a expressão mudava para 'Não, não é possível, deve ser uma sósia'".

Os primeiros dias da amizade não aconteceram sem alguns tropeços. Simone é muito talentosa em se perder, e sua visão é péssima no escuro. Ela havia dirigido até o palácio de Kensington em uma tarde e ficou conversando até anoitecer. Quando chegou a hora de ir embora, entrou no carro e saiu. Diana correu atrás dela gritando "Pare! Pare!". Simone tinha passado por cima do jardim frontal do palácio de Kensington, deixando marcas de pneus no gramado.

Uma noite, Diana estava sozinha e entrou em pânico em seu apartamento. Ela ligou para a terapeuta e disse: "Simone, acho que tem um espírito ruim no apartamento". Questionada sobre os detalhes, ela disse, "Bem, tem um cheiro muito interessante. Poderia ser um espírito poderoso à espreita?" Simone perguntou de onde vinha o cheiro, mas Diana não fazia a menor ideia. "Certo", disse Simone, "Eu ficarei no telefone com você enquanto seguimos o rastro deste cheiro para descobrirmos de onde ele vem".

Armada com seu telefone sem fio, Diana procurou, pé ante pé, por todo o apartamento, cômodo por cômodo. "O cheiro está vindo da minha sala", ela declarou, em seguida, "Não, não está, está passando pela sala", e depois, "Oh, não, está na sala de jantar... Não, está na cozinha!"

Então, Simone perguntou: "Qual a última coisa que você fez na cozinha?". Diana não conseguia se lembrar de todos os detalhes, mas disse que tinha tentado cozinhar um pouco mais cedo; havia feito alguns sanduíches de bacon e um pouco de chá para alguns amigos. Simone continuou: "E depois?", e Diana respondeu, "Bem, algum tolo da minha equipe esqueceu de apagar a chama piloto, então, eu apaguei". Simone quase engasgou. "Você está brincando, você apagou a chama piloto? Ela deve permanecer acesa o tempo todo!" "Eu não sabia disso", admitiu Diana envergonhada.

Simone disse para a amiga chamar a empresa de gás, mas ela não concordou. "Se eu fizer isso, logo estará na primeira página dos jornais, com certeza". Simone então sugeriu que chamasse os seguranças do palácio, mas Diana também não gostou, pois significaria que todos os outros moradores descobririam sua gafe. Por fim, ela aconselhou a princesa a abrir todas as janelas, fechar a porta da cozinha e deixar um bilhete na entrada de serviço para o mordomo ler pela manhã, explicando o que havia acontecido. Diana seguiu à risca, pois na manhã seguinte, Simone recebeu uma ligação de Burrel. "Você não vai acreditar. A patroa apagou a chama piloto, mas teve a presença de espírito de abrir todas as janelas para que não fôssemos intoxicados com o gás ou provocássemos uma explosão pela manhã!"

Diana passou a depender de Simone cada vez mais. Se não estava no palácio, Diana invariavelmente estaria com ela ao telefone, relatando o resumo do dia. Durante os últimos dois anos de vida da princesa, Simone Simmons se tornou sua confidente, sua conselheira e sua irmã.

No começo, quando entrava em desespero, Diana conseguia escapar ligando para a nova amiga.

> *Simone, é Diana, estou seguindo para o terminal quatro. Tenho tanto para te contar! Mas acho que você saiu atrás do fantasma naquela casa. De qualquer modo, terminarei tudo até à uma. É isso, é isso, encontro você depois, muito amor, tchau.*

Simone se lembra de quando encontrou a princesa pela primeira vez, e ela retirou vários celulares da bolsa. "Ela tinha quatro!" Diana achava que se estivesse em uma área sem a cobertura da rede para um dos telefones ela conseguiria usar o sinal de outro, mas também significava que poderia receber mais do que uma ligação ao mesmo tempo.

Seus amigos dizem que Diana sempre teve necessidade de contar o que estava pensando ou sentindo, por isso as duas mulheres conversavam a qualquer hora do dia ou da noite. As ligações começavam logo pela manhã, com a chegada do seu cabeleireiro, e depois, quando estivesse organizando a correspondência, conversavam de novo. Elas ainda conversariam mais durante a noite, e com frequência continuariam nas primeiras horas da manhã. As ligações começaram a ficar obsessivas. Era comum conversarem dez ou doze horas seguidas. Mesmo quando Diana estava fora do país, Simone recebia pelo menos uma ligação por dia.

> *Alô, desculpe, era a Magdi na linha, falo com você pela manhã, muito amor Simone, tchau.*

Em retrospectiva, Simone descreve as contas telefônicas como "fenomenais", "verdadeiramente constrangedoras, vergonhosas".

"Diana costumava receber contas de quatro dígitos por mês, e eu, algumas vezes, cheguei perto disso. Acho que a ligação mais demorada durou quatorze horas. Diana passava por muitos altos e baixos. Ela começava muito angustiada, e conversávamos até superar, depois falávamos sobre outros assuntos e logo a angústia estava de volta; ela precisava de muita reafirmação."

Simone Simmons não era a única amiga íntima de Diana em seus últimos anos, mas não tinha tantos compromissos, estava quase sempre disponível, e era capaz de ajudar Diana em suas crises domésticas e emocionais sem exigir nada em troca.

Diana recorria a outros amigos de diferentes formas e por diferentes motivos, mas era muito difícil seus amigos se encontrarem, a maioria simplesmente não se conhecia. Muitos dizem que ela construía compartimentos específicos para as pessoas, e que era muito possessiva.

Devorik conta que encontrava Rosa Monckton mais na Tiffany, em Londres, onde era diretora administrativa, do que no palácio, e Rosa também era uma amiga muito próxima da princesa de Gales. "Às vezes, Diana almoçava um dia na casa de Rosa e, no dia seguinte, na minha casa. Esse era o seu jeito".

Diana se entregava completamente às amizades porque sentia que precisava de uma família. Consequentemente, todos os seus amigos se tornaram a sua família substituta.

Ser amigo de Diana era completamente diferente do que de qualquer outra pessoa. A americana Lana Marks, uma designer de acessórios que ficou amiga da princesa em 1996, recorda como recebeu o pedido formal de Lucia Flecha de Lima, esposa do embaixador brasileiro em Washington. "Ela perguntou se eu gostaria de me tornar amiga da princesa de Gales e eu achei aquilo muito embaraçoso na ocasião. Não era simplesmente para ir a um restaurante ou tomar um café, era estar à disposição dela".

Existiam algumas regras fundamentais não declaradas. Diana era extremamente exigente, e podia ficar terrivelmente contrariada. Precisava que seus amigos estivessem sempre à disposição. "Era como se ela afirmasse, 'eu quero que você esteja disponível para mim vinte e quatro horas por dia', mesmo sem nunca ter mencionado estas palavras", diz Simone Simmons.

Seus amigos eram acessórios, muletas para sua insegurança, e ela recorria a eles constantemente em busca de autoafirmação. Mas as amizades não eram unilaterais, Diana frequentemente estava pronta a oferecer apoio e consolo aos amigos que precisavam e era muito compassiva e prática. Mas também possuía um lado negro capaz de azedar as amizades, algumas vezes, definitivamente. Sua verdadeira necessidade era de que o controle jamais fosse retirado de suas mãos. Era muito difícil de aceitar críticas e exigia lealdade acima de tudo. "Se pressentisse ou suspeitasse que alguém estivesse sendo desleal, pronto, ela simplesmente cortava. Mesmo que fosse apenas um sentimento, sem nenhuma base concreta", diz Simmons. Penny Thornton vai além, "Se alguém sequer sugerisse algo que ela não queria ouvir, isso era considerado um ato de deslealdade. Em outras palavras, por mais que as pessoas quisessem ansiosamente ajudá-la, se a 'ajuda' ofertada soasse desaprovadora ou se fosse conduzida na direção errada, ela diria: 'Como você pode ser tão desleal, você não está sendo amiga, não está sendo solidária'. Havia uma extraordinária megalomania onipotente; se algo acontecesse e você não dissesse o que ela queria ouvir, era descartado; se estivesse fazendo qualquer coisa que pudesse deixá-la em uma situação difícil, isso tinha que parar".

A raiz do problema era que Diana realmente não confiava em ninguém, nem nos amigos. Ela possuía baixa autoestima e por isso considerava as críticas tão perturbadoras.

Ao longo dos anos, desistiu de várias pessoas que eram muito próximas, simplesmente porque disseram ou fizeram algo que ela considerou uma traição. Muitas vezes, chegou a descobrir que estava errada, mas detestava se desculpar. Em vez disso, ela simplesmente ligava para quem quer que subitamente caísse novamente em suas graças e dizia: "Oi, é a Diana, estou incomodando?", e agia como se nada tivesse acontecido.

Rosa Monckton, que permaneceu próxima a Diana até o final, também se refere ao "lado negro" da princesa no livro *Requiem: Diana Princess of Wales 1961-1997* [Requiem: Diana Princesa de Gales 1961-1997]. "Como um animal ferido, ela podia ser terrível... possuía um desejo primitivo de ferir aqueles que ela sentia que a tinham traído". Elas perderam o contato depois que Rosa repreendeu Diana por seu comportamento "carrancudo" em uma visita oficial à Coreia com Charles, em novembro de 1992. Quatro meses depois, Diana ligou, dizendo: "Rosa, como você está?". Era como se nada tivesse acontecido.

Debbie Frank compara o comportamento de Diana a um tipo de bulimia. "Bulimia é a ação de se empanturrar obsessivamente e intensamente com algo, seja amizade, comida ou qualquer outra coisa, e depois você tem que se livrar disso. Por isso Diana descartou muitas pessoas durante sua vida, e trocou o número do seu telefone várias vezes."

Longe de ser submissa e altruísta, Diana podia ser volátil, rebelde e capaz de executar as mais incríveis acrobacias caso se sentisse traída ou contrariada. Capaz até de trair seus amigos. "Se ela fez isso uma vez, pode ter feito uma centena de vezes", diz Penny Thornton. "Ela era duas caras; dava com uma mão e tirava com a outra. Dizia uma coisa para deixar você tranquila e depois fazia algo completamente diferente para se resguardar de todos os lados." Ao falar sobre esse lado de sua personalidade, Devorik conta que uma vez ela disse, "Roberto, por favor, por favor, vamos tentar não ficar muito próximos, porque todos os que ficam muito próximos de mim terminam destruídos".

Em parte, o motivo desse descarte de amizades pode ser um mecanismo de defesa, que ataca o outro antes que ele seja capaz de atacar, um tipo de autoproteção; mas suas ações deixaram um rastro de destruição em seu caminho. "Ela causou muitos estragos", diz Penny Thornton. "Se alguma pessoa que a ajudava ou que fosse mais próxima apresentasse um único indício de falha, era a escolhida da vez. Você podia aturar sua histeria, suas exigências, seus questionamentos constantes e sua insegurança, mas o modo como ela descartava as pessoas mais próximas era terrível, realmente terrível, pois não parecia haver o menor critério."

Na sua pior faceta, Diana era manipuladora, traiçoeira e enganadora. Mesmo que esses traços tivessem sido usados para se defender e para sobreviver, provocaram muitas cicatrizes. Penny Thornton sabe muito bem, por experiência própria, o que é ser alvo do "lado negro" de Diana. Penny foi amiga íntima de Diana por seis anos, de 1986 a 1992; conversavam ao telefone duas ou três vezes por semana. Como sua astróloga, Penny desenvolveu uma grande intimidade com Diana, que compartilhava com ela assuntos do coração. Era uma relação construída pela confiança mútua. Por isso sua cliente era alguém que Penny queria proteger, mas depois ela descobriu que sua cliente a havia descartado.

Penny começou a trabalhar no jornal *Today* em janeiro de 1992. No dia 9 de março do mesmo ano ela teve uma longa conversa com Diana, na qual a princesa confidenciou que o casamento do duque e da duquesa de York estava muito ruim. No dia 22 de março, um artigo no *Sunday People* relata a conversa, de forma quase literal, dando a entender que Penny havia quebrado a confiança de Diana ao contar a "um amigo" sobre a conversa. Horrorizada, Penny escreveu para Diana imediatamente, dizendo que estava chocada com o artigo e que não fazia a menor ideia como a informação tinha sido conseguida. "Talvez os telefones estejam grampeados", ela sugeriu, como uma possível explicação.

Curiosamente, Diana nunca respondeu à carta de Penny, como sempre costumava fazer. Agora, ao analisar o acontecimento, não resta dúvida na mente de Penny de que foi a própria Diana quem vazou a informação sobre Sarah e Andrew, pois queria que a história fosse contada. O artigo sobre o final do casamento coincidiu com a publicação de um livro de Lady Colin Campbell chamado *Diana in Private* [A intimidade de Diana], publicado em capítulos pelo *Daily Express,* e que criticava a princesa descrevendo suas fraquezas e problemas de comportamento.

Diana estava querendo desviar as críticas sobre ela tentando manipular as manchetes, e Penny estava sendo usada como bode expiatório. Uma relação sólida de seis anos subitamente chegava ao fim. A princesa estava disposta a sacrificar a amizade apenas para se proteger, sem se preocupar se Penny seria ou não humilhada publicamente. "Diana era manipulada, mas em contrapartida, estava sendo manipuladora", diz Penny. "Ela era totalmente desleal; conspirava, pensava que podia vencer a todos. Seria comprometida e ferida, mas, definitivamente, não aceitaria isso passivamente, ela manipularia a mídia em seu próprio território, apesar de não podermos culpá-la; em alguns pontos, faltava a ela o poder de discriminação para saber onde traçar a linha demarcatória. Ela era incapaz de perceber verdadeiramente a lealdade e a confiança."

Várias pessoas perceberam que Diana não tinha bom senso com dinheiro, e apresentava uma "atitude engraçada" a esse respeito. A verdade é que ela não entendia o significado do dinheiro, esquecia que as pessoas comuns precisavam pagar o aluguel e as contas ao final do mês. Ela não tinha noção sobre o valor do dinheiro. Gostava de dar presentes no lugar de pagar o que devia.

Penny Thornton diz que elas nunca discutiram finanças e que nunca apresentou uma conta sequer à princesa. Depois do primeiro encontro,

Diana deu à Penny uma caixinha de prata com uma abelha na tampa, depois a presenteou com flores, e então ficou claro que os assuntos financeiros seriam resolvidos deste modo.

Simone Simmons, por outro lado, disse que em uma ocasião enviou à princesa uma conta de seiscentas libras referente a três meses de tratamento. Diana ligou para Simone e perguntou: "O que é isso? Acho que precisamos conversar." Simone foi até o palácio e explicou que o tratamento deveria ser pago, pois era com esse dinheiro que ela obtinha seu sustento e que havia sido procurada por sua habilidade profissional. Em vez de pagar, Diana ofereceu à Simone um aparelho de som. Simone respondeu: "Não tem muita utilidade para mim, eu já tenho um aparelho de som". Diana respondeu, "Bem, fique com outro para que você possa escutar música em outra parte da casa!" É claro que Diana nunca havia ido ao apartamento da terapeuta e não fazia a menor ideia de como era pequeno. Era impraticável o uso de um segundo aparelho de som. Por fim, a conta foi rasgada porque Simone não queria comprometer a amizade. Até hoje ainda existem terapeutas que não receberam o pagamento por seus serviços.

Diana possuía um temperamento muito infantil. Se considerava que as coisas não haviam sido feitas de acordo com o que queria, ela parava com os punhos cerrados ao lado do corpo, ficava com o rosto vermelho e gritava como uma criança de quatro anos de idade.

Quando menina, em Park House, ela usava tudo o que havia aprendido nas aulas de teatro para atrair a atenção de todos. Ao ficar adulta, parece que pouca coisa mudou.

Estes extremos dramáticos da personalidade de Diana não se apresentavam apenas nas relações de amizade. Ela projetava o mesmo repertório comportamental em suas relações com os homens.

6

Eu estou arruinada!

Em um dia de janeiro de 1994, o telefone toca na casa do marchand Oliver Hoare, em Chelsea. "Alô, quem é?", ele pergunta. Do outro lado da linha ninguém responde, ele só escuta um misterioso silêncio. Essa foi a mais recente de uma série de ligações anônimas feitas para sua casa, mas os equipamentos da polícia já estavam monitorando sua linha telefônica e a ligação foi rastreada até o palácio de Kensington.

Em outra ocasião, Hoare, furioso, gritou ao telefone: "Diana, é você?". Ouviu um som de choro do outro lado da linha e o telefone foi desligado. Depois disso, as ligações pararam por alguns dias, até serem retomadas.

Oliver Hoare era negociante de arte e chefe do departamento de arte islâmica da Christie's, a famosa casa de leilões, em Londres. Diana o conheceu dez anos antes, em uma festa em Windsor, quando o príncipe Charles iniciou uma amizade com Hoare baseada no interesse comum que tinham pelas religiões místicas orientais.

Quando o casamento apresentou sinais de falência, em 1991, Hoare supostamente tentou ajudar Diana a compreender o príncipe Charles, mas abandonou os esforços quando o desentendimento na casa de Gales mostrou-se sem solução. Em 1992, Diana se apaixonou por Hoare e ele parecia fascinado por ela.

Por intermédio de Hoare, Diana se aproximaria de outra figura que viria a ser uma importante confidente nos seus últimos anos de vida.

No próspero distrito de Balgravia, a leste da praça Sloane, em Chelsea, está localizado o apartamento de Lady Elsa Bowker. Elsa nasceu no Cairo, filha de mãe francesa e pai libanês. Após a Segunda Guerra Mundial, ela se casou com James Bowker, um diplomata britânico, e viveram juntos na Birmânia, França, Alemanha e Espanha antes de voltar à Grã-Bretanha. Nas paredes de seu apartamento estão dois enormes retratos a óleo, um dela e outro de seu antigo marido, diversas fotografias oficiais e outras, tiradas em momentos de descontração durante a juventude do casal.

Os quartos são luxuosamente decorados e possuem um maravilhoso aroma. Uma mesa redonda é coberta por uma coleção de centenas de caixinhas lindamente decoradas. Opulento, mas de bom gosto.

Lady Bowker tem um espírito indomável, uma voz cheia de paixão que guarda as lembranças do seu modo de vida, e de tempos em tempos seus olhos brilham com brincadeiras e travessuras, desmentindo sua idade.

Apesar de já estar na casa dos oitenta, e um tanto debilitada, a sua agenda é uma prova de sua popularidade, está sempre cheia. Para Diana, ela representava a figura materna.

Lady Bowker conheceu Diana ainda adolescente, e seu pai, Johnnie Spencer, em Althorp, lar da família Spencer em Northamptonshire. Ela voltou a encontrar Diana ao convidar Oliver Hoare para um jantar em seu apartamento, no final de novembro de 1993, período em que a relação entre Diana e Hoare provocara uma crise no casamento dele.

Em seu relacionamento de três anos com Oliver Hoare, Diana apresentou um comportamento profundamente inseguro, típico de todas as suas relações até então. Eram obsessivas ligações telefônicas para a casa dele, feitas nos mais variados horários, tanto às oito horas da manhã como à meia-noite; às vezes chegavam a vinte ligações por semana.

O motorista de Hoare, Barry Hodge, relatou ao *News of the World*, em 26 de fevereiro de 1995, que Diana chegava a ligar vinte vezes em um mesmo dia.

Roberto Devorik narra a insaciável necessidade de amor de Diana. "Nada era suficiente. Ela agia como aquele homem pobre que se torna milionário, mas morre de medo de gastar qualquer quantia dos seus novos milhões, porque se lembra do tempo em que não tinha dinheiro nem para pagar a conta de luz."

Quando uma relação parecia não se desenvolver do jeito que ela queria, em lugar de dar um passo para trás e olhar o quadro geral, Diana recorria a desesperadas ligações telefônicas, ligando constantemente para qualquer um que pudesse ouvi-la e oferecer conselhos.

A insegurança alimentava sua imaginação e esta a fazia perseguir obsessivamente aqueles a quem amava. Sua loucura a levava a atocaiar seus homens. De acordo com Simone Simmons, Diana se sentava por horas em frente à casa de Oliver Hoare e não saía de lá até que o visse, mesmo que diante de todo o esforço, tudo o que conseguisse fosse uma mera olhadela.

Uma expressão deste medo obsessivo de perder as pessoas era a tendência de Diana em mergulhar na tarefa de aprender o máximo possível sobre a profissão de seu amado e descobrir tudo sobre sua vida e suas paixões, o que iria, ela acreditava, torná-la mais desejável. No caso de Hoare, era a filosofia islâmica. No caso de James Hewitt, ela se abarrotou com a cobertura total da mídia da Guerra do Golfo. E também consumiu vários volumes que falavam sobre estratégia militar.

As figuras maternas eram muito importantes para Diana. Quando estava envolvida com Hewitt, procurou sua mãe em Devon, e quando estava com Hoare, foi visitar a mãe dele, em Londres.

Nos períodos mais difíceis dos relacionamentos, Diana usava intermediários para ajudar a abrandar as coisas. Um amigo jornalista levava cartas para James Hewitt no Golfo e Lady Elsa Bowker acabou se tornando a mediadora no caso com Oliver Hoare.

Elsa se lembra com tristeza de como os relacionamentos falidos aprofundavam a infelicidade de Diana, a sua sensação de solidão e a insegurança. Quanto mais rejeitada se sentia, maiores se tornavam as suas exigências em relação aos homens, o seu amor era totalmente exigente e possessivo. "Se Diana estivesse apaixonada, a pessoa deveria abandonar a família, os filhos, a posição, tudo enfim, e viver exclusivamente para ela. Eu falei a ela que isso não acontece. Nenhum homem pode desistir de tudo, não é possível", disse Elsa.

Em alguns momentos, o comportamento de Diana poderia ser considerado autodestrutivo. Ela pegava um garfo e se lacerava. Até 1994, as marcas eram visíveis em seus braços, pernas e peito. Provocar lesões físicas externas em si mesma foi o modo encontrado por Diana para lidar com as dores emocionais internas, mas ela também esperava que alguém fosse capaz de notar e dedicar um pouco de atenção a ela. Ela apresentava estados de espírito extremados, e podia ser emocionalmente instável.

Lady Bowker se lembra de um domingo, quando se preparava para ir à igreja. O telefone tocou. Era Diana insistindo em vê-la naquela hora, sem falta. Lady Bowker disse que estava de saída para a igreja e que depois tinha um almoço, mas a encontraria no final da tarde, quando voltasse para casa.

Diana, como combinado, apareceu e tocou a campainha, Lady Bowker desceu para recebê-la e, pelo vão da escada, ouviu o choro compulsivo que vinha de baixo. Ela correu o mais rápido que pôde e encontrou Diana em um estado deplorável. Lady Bowker a segurou em seus braços e perguntou "O que foi?", e Diana disse, "Eu estou arruinada! Eu estou arruinada!"

A princesa chorou tanto depois de chegar ao apartamento que, de acordo com Lady Bowker, usou cinco caixas de lenços, e seu choro torturante podia ser ouvido por todo o prédio. Diana tinha acabado de perceber que sua paixão por Hoare nunca seria correspondida como ela desesperadamente esperava.

"Eu pensei que naquele dia Diana fosse se matar", lembra Lady Bowker, que só a deixou voltar para o palácio de Kensington quando o choro diminuiu e depois de prometer que não iria fazer nenhuma besteira.

Contudo, o mais surpreendente era a habilidade de Diana em sair de uma explosão emocional como esta e apresentar uma expressão iluminada, literalmente da noite para o dia, trocando torrentes de lágrimas por gargalhadas.

Na manhã do dia seguinte ao ocorrido no apartamento de Lady Bowker, ela ouviu de um amigo que Diana tinha ido às compras e estava "se acabando de rir" enquanto comprava camisas e gravatas na Turnbull and Asser, aparentemente desligada do mundo. Em outra ocasião, Diana foi a um jantar festivo com Lady Bowker e outros três amigos, e riu a noite toda, mas depois de sair da festa, foi encontrada chorando descontroladamente no Hotel Regent Park.

Diana estava convencida de que sempre que se apaixonasse, acabaria sendo traída e machucada. Ela tinha um sentimento permanente de amor não correspondido, de nunca ser capaz de conseguir o que realmente desejava. Estava convencida de que nunca seria amada por sua personalidade. Sempre que começava um relacionamento, se apresentava muito necessitada desde o início.

Uma das estratégias que Diana desenvolveu para suportar suas dificuldades emocionais foi a de assumir o controle dos aspectos de sua vida que ela *podia* controlar. Ela tentaria executar tudo o que pudesse com a maior perfeição possível para obter a aprovação dos outros e de si mesma. Era uma estratégia simplista, proveniente de sua crença infantil de que não era amada por si mesma, uma crença que, com o passar dos anos, só se fortaleceu. Contudo, sua baixa autoestima significava que ela nunca conseguiria obter aprovação suficiente para contrabalançar o seu sentimento de fracasso.

Uma das formas de lidar com a falta de autoestima é fazer o que as outras pessoas admiram, isso dá a sensação de que temos algum valor. Para a estratégia de Diana ser bem-sucedida, ela teria que lidar com a baixa autoestima descobrindo coisas que pudesse executar com perfeição para que os outros a amassem. Até certo ponto, ela encontrou um caminho através de seu trabalho beneficente e de outros projetos grandiosos. E ela mergulhou nisso totalmente.

Roberto Devorik conta como acompanhou Diana em situações horríveis. "Visitando pessoas queimadas e sem face em hospitais, Diana os tocava de uma maneira que eu achava não ser capaz; mesmo sentindo muita pena, você precisa ter estômago para isso. Mas ela era hipnotizante. Um dia, quando estávamos saindo de um hospital, eu disse, "Diana, como você consegue fazer isso?", e ela respondeu, "Eu não sei, Roberto, é algo que me dá tanta paz, tanta força".

O trabalho de caridade recompensou Diana. De acordo com Debbie Frank, "Ela sentia uma empatia por qualquer um que estivesse sofrendo, havia uma íntima conexão. De algum modo, ela sentia que eles entendiam o seu sofrimento e ela, definitivamente, compreendia o sofrimento deles. Por isso, todas as barreiras caíam, ela sentia uma tremenda compaixão por todos aqueles que haviam sido machucados ou vitimados, pessoas em sofrimento porque *ela* havia sofrido muito".

De acordo com Penny Thornton, uma divergência estava se desenvolvendo entre o seu sucesso exterior e seu interior inseguro.

"Diana estava querendo a adulação pública por ser quem era e pelo modo como se apresentava, enquanto isso, esta lacuna provocada pelo sentimento de que não era amada por si mesma criou a divisão entre o sucesso, as conquistas, a capacidade de lidar com o mundo real muito bem e, por outro lado, sua própria vida interior caótica, sem gostar de si mesma e até mesmo se odiando. Com o passar dos anos, aumentava cada vez mais a distância entre o que ela sentia a respeito de si mesma como pessoa e o sucesso que fazia exteriormente. Esse dilema nunca foi solucionado, mesmo com a intervenção de excelentes terapeutas, eles nunca foram capazes de ajudá-la a resolver isso."

Penny Thornton acredita que Diana tinha um tipo de "monstro do Lago Ness" emocional e duvida que alguma pessoa pudesse ter preenchido o vazio que ela sentia por dentro. "Com o passar dos anos esse buraco ficava cada vez maior. A habilidade ir à luta e construir um caminho próprio independente, obtendo cada vez mais resultados melhores em sua vida pública era um sucesso, mas seu comportamento irracional quando os romances iam mal, com o caos que normalmente se seguia, mostrava perfeitamente que o problema não estava sendo resolvido, estava aumentando. O seu trabalho e sua vida pessoal estavam localizados nos extremos do espectro e parecia não haver nada entre eles além do vazio que ela procurava incessantemente preencher."

Depois que o escândalo conhecido como "peste do telefone" veio à tona, em agosto de 1994, Hoare preferiu não dizer nada. Quando o antigo chofer de Hoare, Barry Hodge, foi ao *News of the World* e reportou detalhes sobre um romance entre Hoare e Diana em fevereiro de 1995, mais uma vez, ele não teceu nenhum comentário público.

Oliver Hoare ligou para Lady Bowker em seu apartamento, no bairro de Belgravia. "Você está em casa?", perguntou. "Eu quero que você entregue uma carta para Diana".

Hoare apareceu com a carta e uma caixa de abotoaduras que pertenceram ao pai de Diana. Ele pediu a Lady Bowker que as devolvesse à princesa. Paralelamente, Lady Bowker recebeu uma ligação de Diana dizendo que queria que Hoare abandonasse a mulher e os filhos, mas que suas esperanças de um futuro ao lado dele haviam acabado. Lady Bowker falou sobre a carta e as abotoaduras. A princesa disse que enviaria seu mordomo para pegar as abotoaduras, mas que não queria ler a carta.

Quatro dias depois, Diana telefonou outra vez e Lady Bowker a lembrou da carta. "Você poderia rasgá-la?", perguntou. Lady Bowker rebateu, questionando se antes ela não gostaria de ler. "Não!" disse Diana, firmemente. Ela mudou de assunto, dizendo que havia recebido as abotoaduras e Lady Bowker insistiu mais uma vez. "Você não pode rasgar a carta de um homem que você amou tanto assim, sem ao menos uma explicação." Mas Diana estava irredutível.

Pouco tempo depois, Hoare fez uma visita à Lady Bowker e perguntou se ela havia entregado a tal carta. Só então soube que a princesa não quis recebê-la.

Por fim, Lady Bowker abriu a carta. "Era uma carta linda. Ele agradecia Diana pelas abotoaduras, mas dizia que não poderia ficar com elas por serem um tesouro muito valioso."

Era fevereiro de 1995. Diana estava com 34 anos de idade. Amizades e romances vieram e se foram e, em sua incansável busca por estabilidade e amor, ela tinha se aberto a amigos de diferentes estilos de vida, tinha se envolvido com todo tipo de terapia e métodos alternativos de cura. Sua vida era formada por uma sequência de terapias, e repleta de casos amorosos fracassados.

Com Oliver Hoare, assim como com muitos outros, Diana falhou em encontrar um futuro, mas este capítulo trouxe um crescente interesse pelos mistérios do Oriente, uma parte do mundo que para Diana representava uma profunda fascinação.

Apesar de seu interesse por religiões ser praticamente nulo, durante o período em que esteve com Oliver Hoare ela foi atraída pela filosofia islâmica, especialmente o sufismo. O sufismo é a mística e a filosofia interna do Islamismo. Sua mensagem, "que a paz esteja sobre todos", atrai muçulmanos e não muçulmanos. Diana chegou a ser fotografada em abril de 1994, durante a temporada de esqui, na sacada de um chalé em Lech na Áustria, lendo *Discovering Islam* [Descobrindo o Islã], um livro do professor Akbar Ahmed, da Universidade de Cambridge.

A amizade com Oliver Hoare a levou a se interessar avidamente pela cultura do Oriente. Ela ainda não poderia saber, mas seu relacionamento com o Oriente e o Islã estava predestinado a continuar. Em pouco mais de oito meses, ela seria atraída por outro homem da mesma cultura que agora estava estudando. Um homem que representaria uma nova força, oferecendo uma poderosa influência que iria remodelar a sua vida, alguém que ajudaria a quebrar o círculo vicioso de insegurança que a atormentava há tanto tempo.

Diana, em setembro de 1995, mês em que ela conheceu Hasnat Khan.

Um beijo para as câmeras — o mundo acreditava em um casamento de contos de fadas, em 1981.

Dez anos depois, no desfile da vitória das forças do Golfo, as rachaduras no casamento ficaram visíveis mesmo em público.

O professor Akbar Ahmed em sua palestra sobre o islamismo no Instituto Real de Antropologia. Diana ouve que nesta religião existe "um lugar para a mulher e a mulher é amada".

Diana com Lady Elsa Bowker (no centro), que se diz mediadora da relação de Diana com Oliver Hoare.

Lendo sobre o Islamismo durante uma temporada de esqui em Lech, na Áustria, em abril de 1994.

Diana no Paquistão, em 1991, com sua acompanhante, Abida Hussain. A princesa expressa o desejo de conhecer um homem que combine elementos do Oriente e do Ocidente.

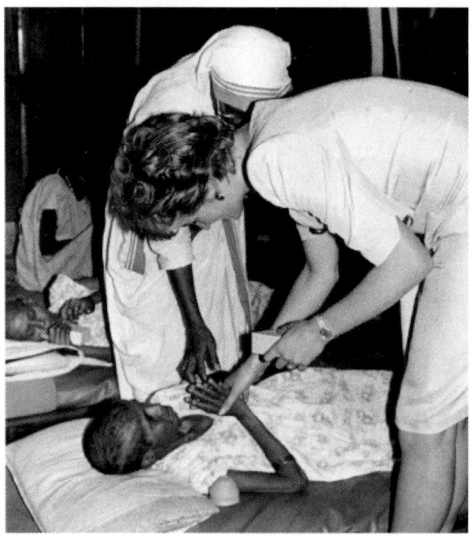

Distribuindo doces no Lar para os Moribundos de Madre Teresa em Calcutá, fevereiro de 1992.

Diana posa sozinha em frente ao monumento que representa uma história de amor.

Com as Missionárias da Caridade em Calcutá, onde Diana falou sobre a sensação de que tinha sua própria missão para cumprir.

Oliver Hoare, marchand especialista em arte islâmica.

Diana com seu amigo íntimo Roberto Devorik comparecendo à estreia de um filme em Londres.

Fotografada com o estilista Rizwan Beyg, vestindo o tradicional *shalwar kameez* paquistanês que ele fez para ela.

Vestindo o mesmo *shalwar kameez* no dia em que os advogados do príncipe Charles divulgaram os detalhes do acordo de divórcio.

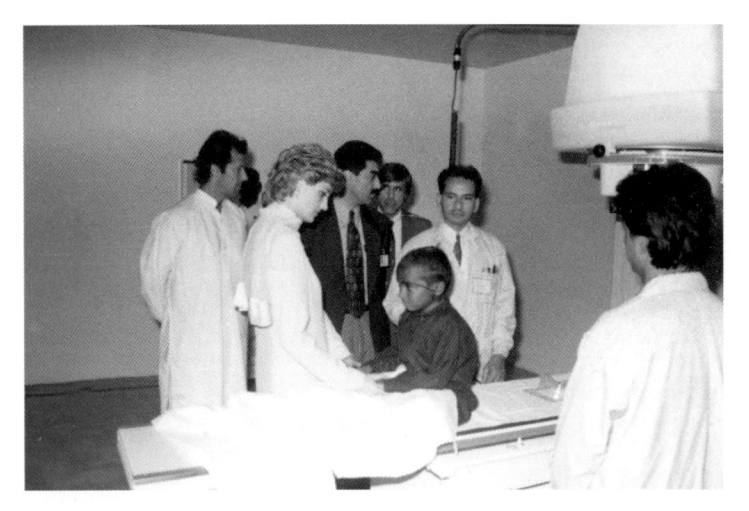

Com Ashraf Mohammed enquanto ele se preparava para fazer um exame neurológico no hospital do câncer de Imran Khan, em Lahore.

Diana embala Ashraf enquanto assiste, com Jemima Khan e Annabel Goldsmith, a um show realizado pelas crianças com câncer.

Comparecendo a um banquete para arrecadar fundos em Lahore com Imran Khan. Ela confidenciou ao ex-jogador de críquete que se tornou político o desejo de se casar com Hasnat Khan.

Com Imran e Jemima Khan. Diana encarava o casamento deles como um modelo do que ela desejava.

PARTE 2

PRELÚDIO DE UM ROMANCE

O interesse de Diana pelo misticismo e pela cultura oriental, mesmo durante o período em que esteve com Oliver Hoare, não era um simples capricho. As raízes disso estão no começo de sua vida. É preciso fazer uma retrospectiva para compreender por que o Paquistão acabou se tornando tão importante para ela.

7

EM QUE POSSO AJUDAR?

Era uma esplendorosa manhã de julho em 1990, nove anos depois do casamento de Diana e Charles e um ano antes de a princesa conhecer o marchand especializado em arte islâmica, Oliver Hoare. O professor Akbar Ahmed, da faculdade de estudos orientais, estava sentado em seu escritório no Selwyn College, em Cambridge, quando o telefone tocou.

Três anos antes, o professor Ahmed havia sido convidado pelo governo do Paquistão e pela faculdade Selwyn College a aceitar o ingresso na Iqbal Fellowship, em Cambridge, e como consequência, ele havia se envolvido nos debates sobre o Islã, particularmente no futuro do Islã na Grã-Bretanha.

O seu envolvimento no debate coincidiu com a chegada de uma carta em 27 de junho de 1990, na sede do Royal Anthropological Institute (Instituto Real de Antropologia), em Londres. A carta era do secretário particular de Diana na época, Patrick Jephson. Estava endereçada ao diretor do instituto, Jonathan Benthall, e dizia que a princesa adoraria conhecer o escritório do instituto na Rua Fitzroy, e que ela ficaria muito agradecida se este compromisso pudesse incluir uma palestra sobre o Paquistão.

Benthall, que já conhecia Ahmed, ligou na hora para o professor em Cambridge e contou a ele sobre o pedido de uma palestra particular sobre o Paquistão para a princesa de Gales. Benthall perguntou se o professor Ahmed poderia comparecer a este evento. O professor aceitou imediatamente. Embora nunca houvesse encontrado a princesa, ele se sentiu muito animado e satisfeito com a possibilidade de conversar com alguém tão ilustre e que possuía um perfil público tão elevado. Os dois concordaram que uma introdução ao Islã seria um tópico apropriado para se tratar na palestra.

Dois meses depois, em 13 de setembro de 1990, uma quinta-feira, o professor Ahmed foi até o Instituto Real de Antropologia, em Londres, vestindo um *shalwar kameez*, o típico traje paquistanês.

Ahmed estava curioso sobre Diana. "Eu achava que ela era uma pessoa inteligente, apesar da imprensa frequentemente colocá-la em situações embaraçosas. Eu senti que poderia provocar uma boa impressão se conseguisse, de alguma maneira, "esclarecer" o assunto.

A palestra sobre o Islã deveria acontecer no escritório geral no térreo do instituto. Pontualmente, às três e meia, Diana chegou e foi conduzida para uma cadeira na primeira fileira, logo abaixo do púlpito.

O professor Ahmed descreve o evento como memorável, não somente porque era algo incomum um membro da família real assistir a uma palestra assim, como o fato de estar sentado em uma cadeira abaixo do orador.

No momento da palestra, as tensões no Golfo estavam em seu ponto crítico. Apenas cinco semanas antes, em 2 de agosto, Saddam Hussein havia invadido o Kuwait e havia um sentimento contra o Islã embutido nos jornais britânicos. Sem conhecer a princesa, Ahmed não estava certo sobre o tipo de recepção que teria. Ele não precisava se preocupar. Apesar de Diana estar vestida como uma executiva, com um tailleur em risca de giz, Ahmed se lembra da habilidade que ela tinha em deixar todos descontraídos. A linguagem corporal e a expressão nos olhos de Diana eram tão gentis que a ansiedade de Ahmed imediatamente desapareceu.

"A combinação de sua incrível presença física, sua vulnerabilidade e sua timidez era impressionante", ele disse.

Ahmed decidiu conduzir a palestra de forma mais humana. "Eu comecei dizendo que se alguém estivesse esperando que eu sacasse uma cópia dos *Versos Satânicos* de dentro da minha roupa oriental e a queimasse ela ficaria muito desapontada."

"Logo que eu disse isso a princesa sorriu e esse foi o tom do restante da palestra." O professor Ahmed desafiou as imagens estereotipadas sobre o Islã como uma religião que queima livros, de sequestradores e terroristas.

Em vez de perseguir qualquer argumento político, o professor Ahmed preferiu contar à princesa uma ou duas histórias sobre o Profeta, histórias que ele acreditava apelariam ao lado emocional da princesa e mostrariam o Islã sob uma luz diferente.

"Eu contei a ela a história de como o Profeta era conhecido por sua bondade e gentileza, principalmente com as mulheres e com as crianças. Apesar disso, nos primeiros dias do Islã, ele era muito hostilizado em Meca. Uma velha mulher em particular esperava por ele em seu quarto e todas as vezes que ele passava abaixo de sua janela, caminhando pela rua, ela jogava terra e lixo em sua cabeça."

"Um dia, enquanto ele passava no mesmo lugar, nada foi jogado. Perguntando-se o que teria acontecido, o Profeta descobriu que ela estava muito doente. Ele imediatamente subiu para vê-la e perguntou sobre sua saúde e como poderia ajudar. A velha mulher explodiu em lágrimas porque ninguém tinha se preocupado em visitá-la, exceto o homem que ela estava tentando humilhar."

"A partir desse momento, ela se tornou muçulmana."

Ahmed seguiu desafiando muitos estereótipos associados à relação do homem com a mulher no Islã.

"Eu falei sobre o grande respeito que o homem tem pela mulher no Islamismo. Na mídia do Ocidente, o Islamismo é representado como uma religião dos que odeiam as mulheres, dos que batem nas esposas, de haréns, e por aí vai, mas a realidade é que os homens muçulmanos possuem muita, muita consideração por suas mulheres. As mulheres têm um status muito elevado e é assim ao longo da história, começando no tempo do Profeta. As mulheres possuem um lugar de respeito, e exigem cuidados. Eu contei para Diana sobre como o casamento no islamismo é levado a sério, visto como a fundação da sociedade, uma base segura para as crianças e como uma forma de garantir que os valores fundamentais da família possam ser transmitidos para as futuras gerações. Apesar de existir o divórcio no islamismo também existe uma grande ênfase na estabilidade, na coerência, no respeito mútuo e na permanência da união."

O professor Ahmed destacou vários aspectos da religião que enviariam poderosas mensagens à Diana. Primeiramente, ele falou sobre a compaixão do islamismo, talvez um assunto delicado levando-se em consideração o sentimento popular na ocasião. "Isso pareceu gerar uma enorme curiosidade na convidada real", observa Ahmed. Em segundo lugar, ele disse que o islamismo possui em seu núcleo uma estrutura familiar, uma preocupação com a mulher e um respeito pela figura materna. Levando-se em consideração a infância de Diana e a separação que ela estava vivendo em seu casamento no momento, o que Ahmed dizia, sem dúvida, ecoava em sua própria vida.

A impressão de Ahmed é que Diana não estava apenas absorvendo o que ele dizia, mas estava realmente preparada para responder a qualquer questão.

Era sabido por todos que Diana sairia imediatamente após a palestra, porque tinha outro compromisso. Mesmo assim, ela encontrou tempo para conversar por alguns minutos com o professor.

"Ela veio até mim, indicando a todos os outros que essa seria uma conversa particular, e me disse, 'O que eu posso fazer para ajudar? Como posso melhorar a compreensão entre o Islamismo e o Ocidente, e qual seria o meu papel?'"

Ahmed ficou extremamente comovido por suas palavras e respondeu, "Eu acho que você pode desempenhar um grande papel, existem muitos mal-entendidos que precisam ser removidos e somente alguém como você poderá fazer isso".

Ahmed admite ter ficado muito surpreso com a resposta de Diana. "Olhando de fora, ela era a clássica princesa britânica vivendo em um ambiente totalmente alheio ao mundo do islamismo. A família real não é conhecida por possuir interesses místicos e eruditos a respeito do sufismo; apesar de haver um *contato* formal com eles sobre o tema do islamismo, não havia conexão."

"Com Diana, por outro lado, eu senti que *existia* uma conexão. Eu acredito que o respeito, o amor e a compaixão que supostamente devem ser direcionados às mulheres no islamismo devem ter ecoado na princesa."

O professor não poderia saber em qual lugar específico suas palavras ecoaram, contudo, ele tinha lido o suficiente sobre a princesa e era bastante perceptivo para perceber que por trás deste interesse havia algo pessoal.

"Olhando para trás, 1990 foi o ano em que as tensões no seu casamento começaram a surgir. Deve ter havido uma motivação pessoal quando ela percebeu que havia uma civilização na qual existe uma posição para as mulheres, onde elas são amadas e recebem o tipo de atenção e cuidado que merecem", Ahmed segue, dizendo, "Eu senti que havia um retorno, que dentro dela havia uma pequena fagulha, uma fagulha de interesse pelo islamismo. Eu acredito que isso estava forçando Diana a reavaliar sua própria existência, e a levava a concluir que talvez os valores e muitos outros assuntos em que ela acreditava ou respeitava nos anos de 1990 não eram, afinal, tão importantes".

Também é possível que o seu interesse na palestra estivesse ligado à iminente partida de James Hewitt para o Golfo. Após a invasão do Iraque ao Kuwait, cinco semanas antes, Diana temia que a unidade de Hewitt, a Life Guards, pudesse ser enviada para a batalha. Durante o outono Diana ligou para Hewitt constantemente enquanto ele aguardava na Alemanha e, em janeiro de 1991, quando os Estados Unidos, a Grã-Bretanha e outros aliados se preparavam para a guerra com o Iraque, Diana se mantinha sintonizada nos boletins de notícias no rádio ou na televisão sempre que possível.

Mesmo que isso fosse verdade, ela extraiu da palestra muito mais do que havia imaginado, as palavras haviam atingido todos os seus pontos, o amor, a mulher e a família. Esta não seria a última vez em que ela veria o professor Ahmed. Após a palestra, o professor manteve contato com Patrick Jephson, secretário particular de Diana. Eles conversavam por telefone de tempos em tempos, e chegaram a almoçar juntos em Cambridge.

Quando foi anunciado que Diana iria sozinha ao Paquistão em uma visita de estado, Jephson informou a Ahmed que ela gostaria muito de conversar com ele.

Um ano após a palestra no instituto, Akbar Ahmed encontraria a princesa novamente, mas desta vez, ela seria a anfitriã. Diana o convidou para tomar um chá no palácio de Kensington. Ele quase acabou indo parar no lugar errado quando um taxista "sabido" o levou para o palácio de Buckingham. Temendo perder o compromisso, ele pulou dentro de um táxi preto e chegou em cima da hora.

O professor Ahmed se lembra da acolhida calorosa e da informalidade. Ela o recebeu como se fossem velhos amigos. "Estava vestida sem nenhuma formalidade, de jeans e camiseta", disse ele.

Diana disse que queria o conselho de Ahmed enquanto se preparava para ir ao Paquistão. A viagem, na verdade, estava programada para acontecer no ano anterior depois que a princesa aceitou um convite de Benazir Bhutto, mas teve que ser adiada quando a primeira ministra foi deposta e seu governo de vinte meses no Partido Popular do Paquistão foi dissolvido pelo presidente do país, Ghulam Ishak Khan, em 6 de agosto de 1990.

Ela estava embarcando para o Paquistão sem a companhia de Charles, e isso colocaria à prova suas habilidades diplomáticas. Diana estava muito ansiosa sobre as formalidades, principalmente por ser uma sociedade dominada por homens. Ela queria saber o que deveria vestir, de que comprimento tinha que ser seu vestido, como deveria falar, o que dizer.

A última questão era fácil para o diretor da Iqbal Fellowship. Sir Allama Mohammad Iqbal é o maior poeta e filósofo do Paquistão, então, Ahmed aconselhou Diana a citar as palavras de Iqbal se surgisse uma oportunidade. Ahmed ofereceu uma citação para a princesa, que dizia: "Existem muitas pessoas vagando pelas florestas à procura de algo, mas eu me tornarei o servo daquele que tem amor pela humanidade".

8

VOCÊ CONHECE IMRAN KHAN?

As portas rústicas retorcidas seguem acima das comidas coloridas, no ar ecoa o som do cobre, do bronze e da prata sendo modelados. A área está abarrotada de pessoas e a agitação da antiga civilização ainda depende do jumento e do cavalo com a carroça. Esta é a antiga cidade murada de Lahore, um labirinto de ruelas estreitas cercadas pelo muro de nove metros ao lado do antigo forte e da mesquita Badshahi. Ainda é muito parecida com o que deveria ser nos dias dos imperadores mogol e a atmosfera transpira a história, o romance e a tragédia que sempre estiveram ligados à antiga Lahore.

Fora dos limites da antiga cidade, Lahore é uma moderna expansão urbana habitada por milhões e completamente paralisada pelos engarrafamentos. É uma cidade com uma aguda disparidade entre a minoria abastada que vive em vilas neoclássicas, viaja em carros com motoristas e envia suas crianças para escolas particulares, e a desesperada maioria pobre em seus quartos apertados por toda a cidade, que não gostaria de enviar seus filhos para a escola mesmo que a educação *fosse* gratuita, porque o dinheiro que as crianças podem ganhar é necessário para o sustento da família.

Em 22 de setembro de 1991, alguns dias após receber as instruções do professor Ahmed, Diana voou para o Paquistão para sua visita de estado de cinco dias. O país fervilhava de excitação antes de sua chegada, seu rosto estava em todos os lugares, em paredes, nas janelas dos táxis e nos *rickshaws* (carros de duas rodas), e os cabeleireiros ofereciam o corte ao estilo "princesa Di", considerado a última moda pelas mulheres paquistanesas. Ela saiu do avião usando um vestido verde de seda e, naquela noite, foi recebida pelo presidente do Paquistão em um banquete. Diana estava sentada próximo ao presidente, Ghulam Ishak Khan. Após o discurso de boas-vindas, Diana, seguindo o conselho do professor Ahmed, leu o seu discurso que incluía a citação de Iqbal. Isso deixou seus anfitriões realmente impressionados e foi manchete de todos os jornais no dia seguinte.

Sua visita começou pela cidade de Lahore onde, entre outros lugares do itinerário, ela deveria ir à mesquita de Badshahi. Ninguém consegue não se impressionar com este grandioso templo de devoção. É uma das maiores mesquitas do mundo, com quatro minaretes vermelhos e três enormes domos de mármore. O seu pátio pode receber cerca de cem mil pessoas.

Quando o sol está se pondo a mesquita se torna realmente espetacular, a luz avermelhada reflete nos domos fazendo com que pareçam estar em chamas, deixando todo o resto em suas sombras.

Antes de ir à mesquita, Diana estava preocupada com o vestuário. Ela usava um lenço, mas seu vestido terminava na altura dos joelhos. Ela perguntou a sua acompanhante oficial se as roupas ocidentais que estava usando eram adequadas para visitar um lugar tão sagrado, e foi informada de que poderia.

Ao chegar à mesquita de Badshahi, a princesa foi recebida pelo Iman e depois de caminharem juntos pelo pátio, ele mostrou a ela os locais sagrados.

Assim como o professor Ahmed, o Iman estava muito interessado em Diana por tratar-se de uma figura com potencial para unir muçulmanos e cristãos. Ele contou à princesa que durante a Guerra Saleeby (as Cruzadas), os líderes muçulmanos e cristãos criaram um ódio sanguinário entre os crentes. Ele disse que era imperativo acabar com este ódio e promover a unidade ainda "neste século".

O Iman presenteou a princesa com doze livros, incluindo uma cópia do Alcorão com marcações para referência e um livro sobre o profeta Maomé. Ela partiu prometendo ler todos os livros, e dizendo que estudaria o islamismo e faria todo o possível para unificar muçulmanos e cristãos.

Depois, comentou com sua acompanhante que o Iman pareceu não se importar com seu vestido curto e que ele havia sido muito gentil e atencioso com ela. A acompanhante respondeu, "É claro que ele não se importou, sua alteza, bom para ele. Ele a recebeu com o seu vestido curto porque quanto mais os religiosos conservadores receberem outras pessoas de diferentes religiões do mundo, com diferentes roupas e diferentes comportamentos, mais nos aproximaremos e faremos uma ponte entre nós".

Diana, sob todos os aspectos, gostou da resposta de sua acompanhante e se tranquilizou. Contudo, no dia seguinte alguns mulás radicais protestaram, dizendo que sua saia era muito curta, e o Iman foi criticado por oferecer uma cópia do Alcorão a uma pessoa que não era muçulmana. O caso chegou a ir a julgamento, mas o resultado foi uma ordem para que os mulás parassem de desperdiçar o tempo do juiz.

Diana foi acompanhada em sua visita de cinco dias por Seyeda Abida Hussain — na época integrante do gabinete do recém-eleito primeiro ministro Nawaz Sharif — uma mulher de meia-idade, confiante, carismática e bem-sucedida, que lutou através de sua carreira para aliviar a opressão sofrida pelas mulheres numa sociedade islâmica dominada pelos homens. Elas viajaram para Islamabad, Peshawar e Chitral, visitando instituições educacionais e de saúde.

Hussain disse que a princesa foi levada a um centro de planejamento familiar onde "Ela foi muito carinhosa com um bebê que pegou no colo. Eu a avisei que o bebê não tinha fralda e que poderíamos passar por um acidente e arruinar o vestido dela, mas ela olhou para mim e disse, 'Ah, eu não me importo.' Ela era muito doce".

Ela também foi levada em um centro para crianças deficientes, administrado pelo Exército paquistanês em Rawalpindi, e enquanto estava conversando com as crianças, um dos oficiais militares, um brigadeiro, se adiantou e disse, repentinamente, "Meu filho é um doutor no norte da Inglaterra, este é o número do seu telefone, seu nome e endereço. Se algum dia precisar de seus serviços, é só ligar".

A comitiva oficial ficou muito irritada com o brigadeiro porque ele havia ultrapassado o cordão invisível, quebrando, assim, o protocolo. Diana não se incomodou, ela se virou para ele, olhou em seus olhos e disse: "Ah, obrigada, eu ligarei para ele algum dia".

Durante sua visita, ela também foi levada a centros de reabilitação de viciados em heroína e, em Peshawar, visitou o centro Sandy Gall que cuida de vítimas de minas terrestres.

Hussain descreve a sua presença como do tipo "conto de fadas". Foi muito comovente o que ela significou para as pessoas em todo o país; homens e mulheres saíam às ruas espontaneamente para vê-la.

Hussain disse que durante os primeiros dois dias Diana estava muito contida e não perguntava nada, ela simplesmente parecia estar assistindo e observando a tudo, mas no terceiro dia ela relaxou um pouco e começou a se abrir. As duas passaram a se conhecer melhor.

Diana disse, "Deve ser muito estressante e entediante ter que fazer tudo isso comigo", e Hussain respondeu, "Não, na verdade estou gostando, mas devo dizer com sinceridade que eu não queria a tarefa porque achei que não seria nada divertido." Diana olhou para ela e perguntou, "Por quê?", ao que Hussain replicou, dizendo tratar-se de vaidade. "Eu sou baixa e larga e andar ao seu lado que é alta e esbelta me faria parecer uma almofada de alfinetes".

Diana a fitou de cima a baixo e falou, "Você não se parece nada com uma almofada, mas é tão confortável como uma".

Hussain se lembra do senso de humor de Diana quando estavam em um voo doméstico. "Em certo momento, dentro do avião, ela pegou os jornais que estavam em uma mesa ao lado e me entregou o *The Times*, dizendo, 'Este é para você que é inteligente', e pegou o *Daily Mail* e disse, 'Este é para mim que não sou'. Eu ri e disse, 'Sua alteza está cometendo uma injustiça. Eu não notei nenhuma falta de inteligência'. Ela sorriu muito docemente e continuou a ler o jornal".

Diana contou à Hussain sobre seus meninos. Ela disse que Harry era "muito parecido com o pai", enquanto William era "mais parecido com ela", e que seus sogros eram "muito rigorosos".

"Eu perguntei se ela gostava de cavalos, e ela respondeu, 'Não, mas você sabe, meus sogros são muito envolvidos com cavalos', então conversamos um pouco sobre isso".

Hussain se lembra de como Diana parecia estar em um processo de autodescoberta. "Estava muito claro para mim que ela parecia confusa. Amava o estrelato, amava as câmeras e toda a atenção que recebia. Mas, ao mesmo tempo, ela era muito insegura. Parecia estar à procura de uma pessoa mais velha do que ela, alguma figura maternal com quem pudesse se abrir".

De acordo com Hussain, Diana estava fascinada com a imagem dos paquistaneses, os homens fortes muçulmanos. Parece que ela só queria falar sobre isso. O foco de Diana não estava na história ou na geografia do terreno ou nas paisagens que via, estava nas pessoas e, particularmente, nos homens. Ela tinha muito menos curiosidade pelas mulheres. "Parecia estar muito impressionada com os homens e eu, como uma mulher de meia-idade, havia superado esses interesses e queria que ela me entendesse. Sendo uma mulher militante contra a ordem patriarcal que predomina largamente em meu país, eu percebi nela um comportamento favorável e assegurei que os homens muçulmanos são iguais a qualquer outro, de qualquer lugar, nem piores nem melhores. Mas ela parecia achar os muçulmanos intrigantes. Ela achava os paquistaneses muito bonitos, o que eles realmente são. A princesa admirava os funcionários e os garçons que serviam nas residências oficiais, porque são todos escolhidos pela estatura, vestem paletós com botões dourados e elegantes turbantes. Ela reparava e dizia, 'Meus Deus, como são lindos!'. Notava as pessoas nas ruas e percebia a diferença para os Pathans, reparando como os integrantes deste clã eram altos e bonitos."

Hussain continua, "Eu acredito que ela tinha uma imagem romântica dos homens muçulmanos. Acho que ela os imaginava como viris, e se sentia atraída pelo seu tipo forte e patriarcal. Ela estava interessada no conceito dos homens muçulmanos protetores das mulheres. Ela parecia uma jovem do tipo ingênua e romântica. Eu sou mãe de duas filhas que estão com mais de vinte anos, que também tinham essa visão, mas que deixaram para trás logo que saíram da adolescência. Mas Diana parecia estar ainda em um estado mental adolescente."

Diana expressou para a nova amiga o interesse em conhecer Imran Khan. Hussain se lembra de como ela tinha curiosidade a seu respeito. "Eu só associava ele ao críquete e não tinha muito interesse no jogo. Ela me perguntou se o conhecia e eu disse 'superficialmente', e então ela perguntou o que eu achava dele, e eu respondi, 'Bem, é um jogador de críquete!'. Ela disse que sua irmã, Lady Sarah, o conheceu, mas ela nunca o havia encontrado, mas que esperava que quando viesse ao Paquistão pudesse conhecê-lo, e eu falei, 'Bem, infelizmente ele não está no Paquistão, se estivesse teríamos arranjado um encontro, mas ele está jogando críquete na Austrália ou em algum outro lugar'. Diana comentou, "Imran parece estar preso entre dois mundos, o ocidental e o oriental, e parece que possui um tipo de qualidade espiritual". "Eu achei isso um pouco preocupante, porque percebi que ela possuía uma noção de que os homens muçulmanos são protetores e, sim, em um nível eles são, mas ao mesmo tempo tendem a ser dominadores e a subjugar a personalidade de suas esposas. Naquele momento, Imran Khan tinha conseguido formar uma boa imagem pessoal em Londres e parecia ser a pessoa mais fácil para ela relacionar a este conceito de homem protetor."

Hussain comenta que Khan parecia representar tudo o que Diana estava procurando naquele momento. "Ele parecia ser a pessoa em quem ela estava concentrada. Era conhecido nos círculos sociais, Lady Sarah o conhecia bem e o encontrava em festas. , com certeza, acha ele bonito e, naquele momento, parecia um tipo de figura mítica que ela havia construído".

"Diana estava claramente procurando o amor, se não podia encontrar no casamento e se tivesse desapontada com outros envolvimentos, obviamente estava à procura de um homem seguro que tivesse um código moral vindo de uma tradição ou de costumes que impediriam que ele a desapontasse", diz Hussain.

Com o colapso de seu casamento com um homem que pertence ao coração da instituição britânica, alguém de um mundo diferente, de uma religião diferente e de uma cultura diferente seria, para ela, muito atrativo. Um muçulmano que também fosse ocidentalizado como Imran Khan, que vivesse na Grã-Bretanha ou que interagisse com a cultura ocidental a ponto de ser considerado realmente 'globalizado', poderia ser duplamente atrativo para a princesa. Diana se sentiria à vontade com tal homem e, ao mesmo tempo, teria a sensação de estar em um mundo diferente, em uma civilização diferente.

Ainda demoraria algum tempo para um homem como este aparecer na vida de Diana, mas o desejo estava semeado, e a princesa ficava realmente intrigada com a ideia de um homem que combinasse os elementos do Ocidente e do Oriente.

9

Talvez esteja na hora!

Calcutá é uma história urbana de horror. O simples nome remete a visões de esqualidez, fome, doença e morte. É a pura verdade e para muitas pessoas este lugar é a soma do que há de pior na Índia. A cidade se estende de norte a sul à margem do rio Hooghly, assim como suas favelas. Uma grande quantidade de refugiados de Bangladesh combinada à explosão populacional da Índia pós-guerra culminou em uma superpopulação intolerável, há muitas bocas para alimentar. Não é incomum ver uma criança nua correr ao lado dos carros parados pelo congestionamento procurando por comida, mendigos famintos em farrapos dormindo no mesmo lugar onde ficaram sentados o dia inteiro, cansados demais para se mover. Não foi à toa que a Madre Teresa baseou sua missão aqui em 1950, com o objetivo de tratar dos problemas de saúde da cidade.

Apesar do constante movimento das massas dia e noite, em todos os lugares da cidade, é normal ficar sentado por uma hora dentro do carro em um trânsito que não anda para lugar algum. As ruas são entupidas e o interior dos carros normalmente fica cheio de gases quentes e poluídos, vindos dos escapamentos dos demais carros. A cidade é desesperadoramente poluída.

Em uma viela estreita, calçada de paralelepípedos, vinda de uma movimentada rua fora do centro da cidade e ao sul do rio, existe uma grossa porta de madeira, onde há uma tabuleta em que se lê "Madre Teresa — In". Ainda está lá, até hoje.

A porta se abre para o pátio da casa de Madre Teresa e, subitamente, somos invadidos por um sentimento de paz beirando a tranquilidade nesta cidade miserável e confusa. No lado direito, atrás de outra porta, está o grande túmulo onde a Madre descansa. Foi o seu desejo ser enterrada aqui no coração de sua missão.

As 85 freiras da Congregação Missionárias da Caridade vestem um hábito branco adornado com azul e estão ocupadas com suas tarefas matinais. Elas usam baldes de metal para lavar as roupas antes de pendurá-las para secar no calor escaldante. As freiras dedicam suas vidas a servir os pobres, não importando o credo ou a cor e existem umas duzentas noviças que também fazem trabalhos voluntários antes de se tornar membros da Caridade. A fotografia de Madre Teresa olha para a assembleia abaixo de vários pontos ao longo da parede branca.

Em 10 de fevereiro de 1992, quatro meses depois da viagem ao Paquistão, Charles e Diana chegaram à Índia para uma visita oficial de seis dias. Era a primeira viagem de Diana ao país. Eles ficaram em suítes separadas no palácio presidencial em Nova Deli. Em 11 de fevereiro, após se encontrarem com Sonia Gandhi, a viúva italiana de Rajiv Gandhi, antigo primeiro ministro assassinado no verão anterior em uma explosão durante a campanha eleitoral, Charles e Diana seguiram caminhos diferentes. Charles foi à escola de planejamento e arquitetura na capital e Diana partiu para Agra em uma viagem de um dia. Foi lá que tiraram uma das fotografias mais memoráveis de Diana, sentada sozinha em frente ao magnífico Taj Mahal.

Descrito como o mais extravagante monumento feito para homenagear o amor, o Taj Mahal foi construído pelo imperador Shah Jahan em memória de sua segunda esposa, Mumtaz Mahal. Sua morte prematura, no parto, em 1631, deixou o imperador tão inconsolável que diz a lenda que seu cabelo ficou branco da noite para o dia.

A construção do Taj Mahal foi uma tarefa épica que demandou mais de vinte anos e a história conta que deveria haver dois deles, um segundo monumento preto que seria o túmulo do imperador. Mas antes que ele pudesse iniciar a sua segunda obra de arte ele foi deposto por seu filho, que temia os custos finaceiros de tamanho excesso.

Sha Jahan passou o resto da vida preso no forte de Agra, olhando ao longo do rio, para o lugar de repouso de sua esposa, enterrada na monumental evidência de sua obsessão por um amor perdido. Diana tinha escolhido muito bem o seu lugar.

Muitos anos antes, o príncipe Charles tinha se encantado pelo romance do Taj Mahal. Isso foi antes de seu casamento, e ele disse que um dia gostaria de trazer sua esposa aqui. Ele nunca trouxe, mas a promessa transformou a visita solo de Diana em algo mais pungente, e a imprensa estava determinada a capturar um momento significativo. Diana estava claramente inclinada a permitir. Posando sozinha em frente a um monumento como este, dedicado ao amor, ela estava enviando uma mensagem ao mundo. Estava sozinha e isolada, sentia-se muito mal amada e seu casamento estava em condição precária. Foi um exemplo vivo de sua crescente maturidade na arte de usar a mídia para fins próprios.

A próxima parada, Jaipur, em 12 de fevereiro, onde o príncipe Charles tinha um compromisso marcado para participar de uma partida de polo, deu origem a outra imagem poderosa. Depois da partida, Charles tentou beijá-la enquanto as câmeras estavam preparadas. Mas Diana foi muito rápida para ele. Com um súbito giro de cabeça, o beijo do príncipe foi parar no pescoço e as câmeras registraram o estranho momento para a posteridade.

Depois de visitar Jaipur e Hyderabad, o casal chegou a Calcutá. Como Charles deveria fazer uma visita privada ao Nepal, Diana ficou sozinha na cidade para que pudesse visitar as Missionárias da Caridade de Madre Teresa. Ela tinha esperança de conhecer a Madre, mas a católica de 82 anos de idade estava ausente, internada em um hospital no Vaticano, em Roma, com pneumonia e problemas cardíacos. O que Diana viu em Calcutá causou-lhe um impacto profundo.

O Lar para os Moribundos, em Kalighat, no sul da cidade, apresenta uma cena de sofrimento lamentável. Fileiras e fileiras de colchões azuis alinhados no chão de um cômodo mal iluminado com nenhum espaço entre eles. Homens e mulheres são mantidos em locais separados, mas o espaço é tão pouco que alguns pacientes se deitam nos corredores adjacentes da cozinha ou nos parapeitos, onde couber. O piso é de laje e apesar das freiras trabalharem incansavelmente para tentar oferecer um pouco de dignidade aos moribundos, é um local terrível.

A maioria dos doentes terminais que Diana viu durante sua visita ao local sofria de tuberculose e desnutrição.

Enquanto esteve lá, Diana recebeu uma bandeja de doces para dar aos pacientes e quando ela oferecia os doces, alguns seguravam suas mãos. Diana não parava de repetir como achava triste tudo aquilo.

Depois da visita ao lar ela foi visitar 350 crianças órfãs ou abandonadas na casa para crianças Shishu Bhavan, todas resgatadas das ruas pelas freiras de Madre Teresa.

Diana acariciou seus rostos e pegou no colo um garoto surdo mudo de um ano de idade. Seu nome era Myso e a princesa o carregou por toda a enfermaria, aninhado em seus braços.

As freiras que acompanhavam Diana revelaram que a princesa disse que gostaria de dedicar o resto de sua vida ajudando os pobres e necessitados.

Uma mulher que assistia Diana à distância e havia vivido em Calcutá há quase quarenta anos, entendia perfeitamente o que a princesa estava sentindo.

Escondida em uma Praça em Earls Court, no oeste de Londres, perto de um aglomerado de hotéis que oferecem camas baratas com café da manhã, mora uma mulher que foi a acupunturista de Diana por seis anos, de 1989 a 1995.

Dentro do apartamento, existe um cheiro exótico de velas aromáticas, tapetes orientais, e várias figuras religiosas cobertas com contas de rosário.

Em um canto da sala de estar há um piano, e uma grande janela guilhotina se abre para a Praça.

O lugar tem um aconchego caseiro. A mulher que vem à porta é de baixa estatura e tem cabelos grisalhos. Seu sotaque não deixa dúvidas de que é irlandesa, seus olhos acinzentados examinam você cuidadosamente através da porta antes de abrir. Seu nome é Oonagh Toffolo. Agora na casa dos 70 anos de idade, ela foi uma enfermeira no condado de Sligo que, em um período de sua vida, foi amiga do duque de Windsor durante seus últimos anos em Paris, e agora se tornou amiga de Diana também.

O ar de formalidade é rapidamente modificado com o piscar de seus olhos irlandeses e o chá Assam é servido em pequenas xícaras chinesas.

"Era 5 de setembro de 1989. Diana havia me ligado no dia anterior, perguntando se podia me ver. Eu fui. Sempre vou me lembrar, era um táxi verde. Diana estava preparada para minha visita e me recebeu de braços abertos, descalça. Ela era uma criança da natureza. Logo ficamos descontraídas. A nossa busca em ajudar a humanidade era o que nos mantinha unidas. Diana ouviu pela primeira vez sobre o trabalho de Oonagh Toffolo através de uma amiga em comum, Mara Berni, a proprietária do restaurante San Lorenzo, em Knightsbridge.

Durante alguns anos, Oonagh estima que se encontrou com Diana umas trezentas vezes, ora no palácio de Kensington ora em sua casa em Earls Court. Ela tratava Diana com agulhas na sua nuca.

Oonagh se lembra da princesa sempre muito descontraída. Em uma ocasião, quando estava saindo do apartamento em Earls Court, ela apertou a mão do faxineiro.

Enquanto Oonagh a chamava de "filha da natureza", Diana se referia a ela como a "mãe terra". Essa necessidade de se relacionar com mulheres mais velhas era algo recorrente na vida de Diana, por se sentir abandonada pela própria mãe quando ainda era muito jovem.

Durante as sessões de acupuntura, Toffolo conversava com Diana como se fosse uma professora. Deu a ela uma dúzia de livros sobre saúde, cura, missionários e mártires, e pedia a ela que investigasse outras religiões. Elas se tornaram amigas íntimas. Entre as sessões de acupuntura, conversavam muito sobre o casamento de Diana com Charles. Oonagh testemunharia em primeira mão as negações, dúvidas e inseguranças da princesa, que finalmente deram lugar à lenta percepção de que ela possuía uma qualidade única de compaixão que poderia ajudar a inspirar os outros.

Como uma católica devota, no final dos seus vinte anos, Toffolo viajou para Calcutá à procura de Madre Teresa. Trabalhou ao lado da Madre, ajudando os pobres e doentes de Calcutá.

Ela contou sobre suas viagens à Diana. "Eu falei sobre o período em que estive na Índia, especialmente em Calcutá, de como o país era enorme e o quanto suas crianças precisavam de cuidados. Ela ficou muito impressionada com isso, porque sempre teve um grande amor por crianças e ver os pequenos necessitados era uma imagem forte. Eu me lembro de lhe dar O Pequeno Livro dos Abraços (*A little Book of Hugs*), e ela o devorou, porque correspondia à sua vontade de abraçar o mundo."

Quando Diana contou à Oonagh Toffolo sobre sua viagem a Calcutá, a acupunturista pediu a ela que anotasse seus pensamentos e emoções enquanto estivesse lá.

Enquanto Diana estava sentada no pátio da casa da Madre, as freiras se juntaram, formando um semicírculo, enquanto as pessoas olhavam dos balcões e janelas abarrotados. As freiras começaram a cantar em coro uma música que dizia "Transforme toda a sua vida em algo belo para Deus".

Quando as irmãs começaram a cantar o segundo hino, Diana foi coberta por uma chuva de pétalas de rosas e enxugou uma lágrima de seus olhos.

Como Oonagh havia pedido, Diana fazia anotações de seus pensamentos. Ela escreveu e depois deu uma cópia à amiga. Há sinais claros do desenvolvimento espiritual da princesa e da descoberta de que poderia ajudar outras pessoas.

Isso revelava que ela queria fazer parte desta grande empreitada para ajudar a humanidade e queria participar disso em escala global.

Mas é a intensidade dos sentimentos de Diana o que mais se destaca em suas anotações. Ela confessa que era impossível encontrar as palavras certas para descrever os seus sentimentos; na verdade, diz que as pessoas mais próximas ficariam assustadas se ela *pudesse* descrevê-los. Conta como se sente à parte das outras pessoas por causa desse profundo sentimento de que ela tinha uma missão a cumprir. Com isso, veio a responsabilidade e o poder de mudar a sua vida. Ela pondera se este é o momento de fazer exatamente isto, mudar sua vida.

10

Ele não é lindo de morrer?

Apesar de Diana poder fugir de seus problemas se perdendo nos traumas dos outros e apesar de se fortalecer visivelmente enquanto oferecia conforto aos mais fracos, não há como negar a genuína compaixão que ela sentia pelos doentes e moribundos.

Roberto Devorik se lembra de uma visita que ele e a princesa fizeram à um hospital onde um homem estava morrendo de Aids. "Ele estava consumido pela doença, e era muito difícil de encará-lo, seus olhos estavam praticamente apagados. Diana foi até sua cama e segurou sua mão, e isso não é criação mental, mas os olhos do homem ganharam vida novamente. Ela não falou com ele, ela só se sentou em sua cama e segurou suas mãos por três minutos; então ela abriu a boca e disse, "Você sabe, eu acho que lá em cima será bem mais divertido". Ela beijou suas mãos e saiu do quarto. O homem morreu três dias depois, mas sua mãe escreveu uma carta para Diana dizendo que "ela o fez tão feliz que ele morreu pacificado".

Tendo descoberto dentro de si mesma o poder da compaixão pelos doentes e pelos moribundos, ao longo dos anos Diana começou a acreditar que possuía um dom. Por outro lado, ela agora estava descobrindo que era amada por algo que acontecia com naturalidade, ela não precisava se esforçar por isso ou confrontar alguém. Isso e seu trabalho de caridade eram atividades que nunca levariam à traição.

O ano de 1995 trouxe um grande número de eventos importantes. Diana havia se separado de Charles e começado a explorar a vida além da instituição. Seu relacionamento com Oliver Hoare havia acabado, mas ela havia mergulhado ainda mais na filosofia islâmica. E ao descobrir sua habilidade para ajudar aos outros ela estava reforçando a sua própria força interior através do trabalho de caridade.

Em setembro de 1995, ela deveria fazer uma visita ao hospital London Royal Brompton Heart and Lung, que daria à sua vida um novo curso. Sua amiga acupunturista, Oonagh Toffolo, mais uma vez, foi a catalisadora.

No apartamento de Toffolo, em Earl Court, as evidências de seu marido, falecido em 1990, não tinham como passar despercebidas. A música que ele amava, os livros que lia, um enorme portfólio encadernado em couro com fotografias maiores e menores, espalhadas nas várias mesas e superfícies.

Enquanto Oonagh Toffolo se senta em sua poltrona de veludo marrom cercada por pungentes lírios do vale, sua cabeça desliza para o lado e ela precisa segurá-la com a mão.

Ela está prestes a embarcar na história de como Diana se apaixonou por um médico paquistanês; uma jornada que começou em Londres e a levou a Lahore. Mas contar essa história significa revisitar as dolorosas memórias da doença de seu marido Joseph. Ela precisa inspirar profundamente para invocar a força necessária, as palavras emergem vagarosamente.

"Joseph estava sofrendo de problemas no coração há dois ou três anos, tanto tempo que, na primavera de 1995, ficou evidente que ele precisaria fazer uma cirurgia." A operação, uma tripla ponte de safena e uma reparação da válvula, estava marcada para 31 de agosto no hospital Royal Brompton. Diana havia escrito um bilhete em 5 de abril, dizendo que Joseph estava em seus pensamentos e preces e que ela estava invocando energia positiva.

Duas semanas antes da cirurgia de Joseph Toffolo, no dia 14 de agosto, Diana os convidou para um almoço para comemorar o aniversário de Oonagh. Depois do almoço, Joseph, que era um cantor talentoso, perguntou se poderia cantar uma canção para a princesa. Ele escolheu uma peça chamada *La Paloma*. Diana ficou impressionada, disse que ninguém jamais havia cantado para ela assim. Ele cantou com tanto sentimento que ela jurou que podia ouvir o coração dele batendo. Em um momento comovente, a princesa tocou no coração de Joseph com as próprias mãos.

O hospital Royal Brompton Heart and Lung fica em um edifício baixo e sem graça, no coração de Chelsea. As casas brancas com suas varandas alinhadas na Rua Sydney, do lado oposto ao hospital, refletem a prosperidade de seus habitantes e as lojas nas redondezas completam o cenário privilegiado.

O dia da operação chegou e Joseph disse, "Eu vou superar isso", enquanto desaparecia na sala de operação do Brompton.

A operação de Joseph foi realizada por um renomado cirurgião, professor Sir Magdi Yacoub, que foi auxiliado pelo assistente sênior chamado Hasnat Khan. Ao final do procedimento cirúrgico, Joseph retornou para o centro de tratamento intensivo para se recuperar. Contudo, apenas vinte minutos depois, a enfermeira chefe notou que os seus frascos de drenagem estavam cheios de sangue. Joseph estava sofrendo uma hemorragia intensa. Momentos depois, o alarme de parada cardíaca soou. O professor Yacoub correu para a enfermaria com seu bisturi nas mãos e lá mesmo abriu o peito de seu paciente. O sangramento foi estancado com sucesso e o coração de Joseph voltou a funcionar.

Em casa, Oonagh estava esperando uma ligação do hospital. A ligação não aconteceu por causa de uma confusão, então, ela correu para o hospital. Ela e uma antiga amiga, Irmã Mairead, finalmente receberam autorização para ver Joseph no centro de tratamento intensivo e ficaram assustadas com a fragilidade de sua aparência. Oonagh telefonou para Diana por volta de nove horas da noite para contar que a situação de Joseph estava crítica.

Apesar de, em 1995, Diana ter se entregado a curandeiros, acupunturistas e terapeutas alternativos, utilizando-os como muletas na busca por algo seguro para apoiar a sua vida, essa não era uma via de mão única. Agora, era a hora de retribuir, Diana iria correr para ajudar sua amiga.

Oonagh diz, "Eu contei para ela da grave condição de Joseph e Diana disse, "Estarei aí pela manhã, às dez horas". Como combinado, ela chegou, eu já estava esperando, e a levei para ver Joseph na terapia intensiva. Em seguida, entramos em outro pequeno quarto da unidade. Estávamos lá há menos de um minuto quando Hasnat Khan chegou com o seu séquito de auxiliares. Eu o apresentei à Diana. Ele mal notou a sua presença, apenas acenou com a cabeça, e transferiu sua atenção para o tratamento de Joseph. Acho muito difícil uma outra ocasião em que a princesa de Gales tenha passado tão despercebida em toda sua vida!"

"Khan foi direto ao ponto dizendo que a condição de Joseph era muito grave e que ele queria minha permissão para levá-lo de volta à sala de cirurgia. Eu apenas disse, 'Por favor cuide de Joseph, ele é muito importante para nós', e beijei suas mãos. Ele disse que voltaria depois, talvez às duas horas, dando um relatório completo sobre o que havia descoberto. Com outro breve aceno de cabeça para a princesa, ele se despediu e saiu do quarto."

"Eu não tinha notado nada de excepcional em Hasnat Khan; era um homem gentil, com belos olhos e belas mãos, além de um cirurgião atencioso, mas depois que ele saiu do quarto Diana me disse, 'Oonagh, ele não é lindo de morrer?'"

"Foi assim que tudo começou. Eu acredito que ele provocou um enorme impacto nela. Acho que, para ela, foi amor à primeira vista!"

"Lá estava uma mulher que havia jurado passar a vida ajudando os doentes e necessitados do mundo e que ansiava por um parceiro que pudesse compartilhar com ela essa vida. Ela podia ver esse homem como aquele a quem ela tanto procurava. Ela podia ver a sua devoção aos doentes e suas habilidades cirúrgicas. Ela precisava de alguém que a ligasse à humanidade, e acho que ela pensou que ele seria o seu parceiro e que a ajudaria na sua missão de amor."

Hasnat Khan era um cirurgião cardíaco de 36 anos de idade, paquistanês, que havia chegado a Brompton em 1992 para trabalhar ao lado do melhor especialista em coração da época, professor Sir Magdi Yacoub, e para obter o seu PhD.

Durante as próximas visitas feitas a Joseph, Diana ainda se encontraria algumas vezes com Hasnat Khan. Ela contou à Simone Simmons que a primeira vez que ela e Khan ficaram sozinhos havia sido em um elevador no hospital Royal Brompton, depois de uma de suas visitas a Joseph.

Ela confessou para Simone que Khan não fazia o seu tipo em nada — estava acima do peso, fumava e se alimentava de forma totalmente errada, mas estava convencida de que havia uma força superior que os unia. Desde o início, Diana sentiu que o seu destino estava ligado ao de Hasnat Khan.

11

Natty

A primeira coisa que chama a atenção em Hasnat Khan são seus olhos. Ele poderia ser comparado a Omar Sharif ou chamado de "o doutor gato", mas fazer isso é errar o alvo. Instantaneamente, você percebe que aqui está um homem de grande compaixão. Sua postura é humilde e despretensiosa, mas seus olhos parecem brilhar avidamente com o desejo de ajudar os doentes e diminuir o sofrimento humano.

Isso é o que aqueles que descrevem Khan como um "grande homem" querem dizer. Diana deve ter percebido isso.

Hasnat Khan é um homem de poucas formalidades, sem frescuras. Muitas vezes, ele usaria bermudas mesmo na companhia de Diana; e é do tipo que nunca tem comida na geladeira.

A sala de estar de seu apartamento de um quarto em Chelsea reflete bem seu estilo de vida. Por todo lado, há livros de medicina, de viagens e CDs de jazz. Uma garrafa de Coca-Cola fica ao lado de seu computador na área de trabalho.

Comida pronta, de preferência entregue em casa, é a base de sua dieta, mas ele também vai regularmente ao seu lugar favorito, na esquina da Cromwell Road, em South Kensington. Café instantâneo e cigarros completam o quadro.

Natty

"Natty", como é chamado carinhosamente por sua família, é descrito por seus parentes como uma pessoa calorosa, do tipo que não consegue dizer não e gosta de agradar, prometendo fazer algo mesmo que não seja capaz.

Embora tenha vivido no exterior, ele é um tradicionalista e acredita na importância da decência, da honestidade, do trabalho duro e dos valores familiares. A sua dedicação ao trabalho é inquestionável, sua carreira é a prioridade.

Sua bondade e generosidade é ilustrada pelas histórias carinhosas contadas pelo primo Mumraiz, que se lembra de uma vez em que gostou muito de um par de sapatos que Hasnat estava usando em uma de suas visitas ao Paquistão, para ver a família. Dias após retornar a Londres, Hasnat enviou ao primo um par idêntico. E quando Mumraiz perdeu sua carteira e não podia comprar um jogo de computador para o qual estava economizando, Hasnat sacou cinquenta libras do banco 24h e deu a ele.

Ele é descrito como animado, divertido e com um forte senso de humor. A relação com os pais é muito próxima. Ele não gosta de fazer nada que os aborreça, e nunca exigiu nada deles. Sua mãe é uma pessoa com muita força de vontade e Hasnat sempre escuta o que ela tem a dizer.

Hasnat Khan nasceu em agosto de 1959, em uma boa família de classe média-alta, o mais velho de quatro irmãos. O pai, Rasheed Khan, junto com seu irmão mais velho, Said, estabeleceu um negócio de vidros de grande sucesso, chamado "Prime Glass", que produz e distribui artigos de vidro e garrafas para todo o Paquistão.

As instalações da fábrica faziam parte de uma propriedade privada situada a cerca de três quilômetros da cidade de Jhelum, 195 quilômetros ao norte de Lahore. Na época do nascimento de Hasnat, a família ainda morava na propriedade.

Por trás dos muros, isolados entre jardins enormes e vastos pomares, existiam duas casas conhecidas como a "Casa Grande" e a "Casa Pequena". A Casa Grande era onde o tio de Hasnat, Said, e sua família de oito filhos viviam, e a Casa Pequena foi onde Hasnat Khan cresceu com as duas irmãs e um irmão.

O contraste com a infância de Diana é gritante. Apesar de ambas as famílias serem abastadas, a educação de Diana era muito formal, com os filhos sendo criados em colégios, longe dos pais. Além disso, havia um "sobe e desce" que frequentemente impedia o sentimento de aconchego e de lar em Park House.

Diana tinha seis anos quando a mãe saiu de casa e, aos nove, ela ainda não havia se sentado junto com o pai na sala de jantar para uma refeição. Ele era amável, mas uma figura distante.

A atmosfera não era nada natural nem descontraída. Em contrapartida, Hasnat Khan cresceu com a segurança e a certeza de que era amado. A proximidade de sua numerosa família — pais, irmãos, tios e primos — significava que sempre haveria muitos adultos por perto. Era um ambiente sólido e estável.

As crianças das duas casas, mais os primos que vinham passar as férias escolares, estavam sempre brincando de esconde-esconde e subindo nas árvores dos vastos pomares que cercavam o terreno.

As brincadeiras e fantasias corriam soltas com a imaginação fértil de um mundo infantil de batalhas e ferozes conquistas entre o bem e o mal. Histórias seriam construídas sobre serpentes do mal que se escondiam nas profundezas do pomar, que em suas mentes criativas se tornava uma densa floresta. As serpentes do mal devorariam tudo no seu caminho até serem mortas pelos cavaleiros vitoriosos, as crianças é claro, que salvariam todas as pessoas do terror.

Em tardes tranquilas, longos trens seriam construídos a partir de cadeiras viradas que tinham sido trazidas das casas. Ao embarcar, as crianças partiam em aventuras mágicas por todo o mundo, atravessariam as montanhas mais altas, abarcando os mais profundos desfiladeiros, e maravilhando-se com todas as atrações ao longo do caminho.

Como a propriedade da família ficava na periferia da cidade de Jhelum, o jovem Hasnat Khan tinha que percorrer um longo caminho até a escola, mas essas viagens pareciam provocar neles o mesmo sentimento de magia. As jornadas nas manhãs frias dos meses de inverno seriam feitas na "Toga", o nome dado a uma carruagem puxada por cavalos.

O passeio de três milhas até o colégio de freiras em Jhelum era muito frio e as crianças, amontoadas sob os cobertores, sopravam a névoa para fora de suas bocas fingindo estar fumando.

Marcos ao longo do caminho, como uma velha estátua colonial, eram utilizados para jogos e brincadeiras, como a competição para ver quem conseguia identificá-los primeiro. Estes foram dias felizes da infância.

Na escola, Hasnat era um menino bem comportado, e gostava tanto dos professores quanto dos alunos. Ele é lembrado até hoje como um garoto alegre e divertido, e havia um brilho em suas histórias, contadas de maneira muito artística. Academicamente, ele provou ser extremamente competente.

Ele permaneceu em Jhelum até concluir a escola e, depois disso, deixou sua cidade natal e passou cinco anos estudando na faculdade King Edward Medical, em Lahore. Um imponente edifício com colunas brancas na fachada é a principal faculdade de medicina no Punjab, e uma das mais antigas estabelecidas no Paquistão.

Com o término de seus estudos iniciais, Khan foi para a Austrália, onde o tio, professor Jawad Khan, outro eminente cirurgião cardíaco, tinha arranjado uma posição para ele através de seus contatos profissionais.

No Hospital St. Vincent, em Sydney, ele conheceu seu primeiro mentor, o médico Victor Chang, um especialista cardíaco muito respeitado e admirado.

O Dr. Chang era um homem visionário, um pensador nato, cujo sonho era criar uma equipe de cientistas de nível mundial com base em St. Vincent. Ele via no campo das doenças cardíacas grandes desafios e defendia uma maior investigação e o desenvolvimento de vários dispositivos cardiotorácicos. Estes incluíam uma válvula cardíaca artificial e um coração artificial.

Khan o via como uma figura paterna, mas em 4 de julho de 1991, uma tragédia se abateu sobre ele. Chang estava dirigindo para o trabalho em seu Mercedes-Benz azul, quando foi forçado a sair da estrada. Era parte de um golpe de dois bandidos nascidos na Malásia que exigiam três milhões de dólares australianos do cirurgião cardíaco.

Em vez de se submeter à ameaça quando um deles sacou uma arma, o Dr. Chang discutiu com os assaltantes, e gritou para os transeuntes chamarem a polícia.

Quando o cirurgião se recusou a entrar no carro dos sequestradores, o atirador disparou, atingindo-o na bochecha. Como ele estava indefeso, o bandido disparou novamente e, desta vez, o tiro penetrou o cérebro, matando-o instantaneamente.

A trágica morte de seu mentor deixou Hasnat Khan arrasado; pouco tempo depois, ele decidiu deixar a Austrália e se mudar para a Inglaterra.

Em 1992, Khan passou a viver em Stratford-upon-Avon, mudando-se para trabalhar em hospitais em Manchester, Leeds e Hammersmith, em Londres, antes de ir para o Royal Brompton. E lá, em 1º de setembro de 1995, Diana, então com 34 anos de idade, conheceria o homem que iria moldar o seu futuro.

PARTE 3

O DOUTOR

12

Ele está fazendo tudo o que recomenda a seus pacientes para não fazer!

....

"O que você acha?" A mulher deu um giro na sala de estar e a outra ficou em estado de choque. "Sou eu!", disse Diana.

Ela estava com uma longa peruca castanho-escuro adquirida por seu mordomo Paul Burrell na loja de departamentos Selfridges, na Rua Oxford.

Simone Simmons ficou muda. A imagem de Diana estava totalmente transformada, enganando até os mais próximos. Era uma das várias perucas que Diana tinha adaptado para uso; esses disfarces haviam se tornado fundamentais para que ela pudesse sair com Khan a salvo da percepção do público e também dos paparazzi. E também deram à princesa a oportunidade de experimentar o que as outras pessoas consideravam normal em um relacionamento.

Assim como esconder seu cabelo loiro com a peruca, Diana ajustava a maquiagem com tons apropriados, em lugar dos azuis e rosas que ela normalmente usava para sua coloração natural. Ela também mudou seu estilo habitual de roupas, optando por leggings e tênis. Às vezes, ainda colocava um óculos, em vez de lentes, para ter certeza absoluta de que ninguém a reconheceria.

Joseph Toffolo ficou internado ao todo por 17 dias, tentando se recuperar. Diana ia ao hospital todos os dias, às vezes com roupas casuais, às vezes com roupas formais, na ida ou na volta de seus compromissos oficiais.

Durante as primeiras visitas, Diana puxava uma cadeira para perto da cama de Joseph e simplesmente segurava sua mão oferecendo uma presença amiga. Quando Joseph começou a se sentir mais forte, ela o abraçava rapidamente logo que entrava no quarto. Nessas visitas, ela raramente chegava de mãos vazias. Trazia tanto os presentes comumente oferecidos aos hospitalizados, como uvas e flores, como livros e discos, incluindo um pacote de três Cd's do tenor italiano Pavarotti que era outro de seus amigos. Toffolo admitiu estar surpreso com toda a atenção que estava recebendo.

No quarto, Diana se comportava de maneira natural, rindo, brincando e conversando com os outros visitantes. Às vezes, as coisas saíam do controle. Em certa ocasião, a atmosfera ficou tão turbulenta que ele colocou todos para fora. Mas quando Joseph melhorava, Diana andava com ele pelos corredores do hospital insistindo que se apoiasse em seu braço enquanto conversavam.

Em 3 de setembro, Diana escreveu uma carta para Oonagh, agradecendo por permitir que ela ficasse ao lado de Joseph em momentos tão íntimos, dizendo que se sentia muito tocada por ser incluída na família.

Foi nesse período que Diana passou a conhecer melhor Hasnat Khan. Ela disse que queria conhecer o hospital, saber como era administrado, e ele gentilmente se ofereceu como guia.

Hasnat apresentava a princesa aos outros pacientes, a acompanhava pelo hospital em visitas noturnas secretas, e a escoltava para fora do edifício por uma porta traseira.

Em 20 de novembro, onze semanas após o primeiro encontro de Diana com Hasnat Khan, foi ao ar a sua controversa entrevista no programa *Panorama*, com Martin Bashir. Ela estava discutindo os termos de uma entrevista com Bashir desde o final de setembro, e foi combinado que a gravação aconteceria em 5 de novembro, dia de Guy Fawkes, quando sua equipe estaria fora do palácio de Kensington. Durante a entrevista, Diana foi questionada se achava que algum dia seria a rainha. Ela expressou o desejo de possuir um papel claro e específico e se tornar, em uma frase que desde então seria usada para defini-la, "rainha no coração das pessoas".

Em 30 de novembro, dez dias depois, ela foi flagrada por um repórter do *News of the World*, deixando o Brompton depois da meia-noite. Na hora em que o *paparazzo* tirava as fotos, o editor-chefe do jornal, Clive Goodman, ligou em seu celular e a princesa pediu para falar com ele. Ela explicou que estava fazendo visitas regulares para confortar os doentes e os moribundos no hospital. Contou que duas ou três vezes por semana ela se sentava ao lado da cama de pacientes terminais que não tinham amigos nem familiares para oferecer a eles algum apoio. Os pacientes, com quem passava até quatro horas por noite, precisavam conversar com alguém. Ela disse que sabia que alguns sobreviveriam e outros não, mas todos precisavam de amor enquanto estavam no hospital. Ela explicou que mesmo querendo estar lá pelos pacientes ela também se fortalecia com eles. Embora seja verdade, e Diana realmente visitasse esses pacientes, chegando a ficar muito íntima de alguns deles, parece bem razoável supor que o principal motivo de sua presença constante fosse o desejo de ver Hasnat Khan.

Todos os encontros iniciais de Diana com Hasnat aconteceram dentro do hospital Royal Brompton, enquanto o seu amigo Joseph Toffolo convalescia. Diana achou que estava na hora de levá-lo ao seu território. E, assim, a princesa o convidou para um jantar no palácio de Kensington, supostamente para falar sobre cirurgia de coração, já que ela queria saber "tudo sobre o assunto".

Eles passaram a se ver com mais frequência, mas se o relacionamento fosse seguir adiante, não poderiam se esconder para sempre dentro do hospital ou do palácio.

Diana estava determinada a manter tudo na maior discrição possível, mas, ainda assim, queria encontrar uma maneira de sair com ele em público, como um casal normal. Por isso, decidiu adotar os intrincados disfarces.

E funcionou. Hasnat é apaixonado por jazz e o clube de jazz Ronnie Scott, no Soho, em Londres, se transformou no lugar favorito do casal e o cenário para algumas das suas noites mais agradáveis.

Embora Diana fosse uma amante de música, nunca havia explorado o universo do jazz. Ela ligou para Simone Simmons querendo saber o que deveria ouvir e foi aconselhada a sair e comprar Cds de Ella Fitzgerald, Louis Armstrong e de Dave Brubeck.

Diana descreveu as músicas dos discos como "interessantes". Mas achou a experiência de ir a um clube de jazz totalmente nova. Na primeira vez, estava tão excitada que ligou para Simone do lado de fora da Ronnie Scott só para dizer como estava adorando ficar de pé na fila. Ela admitiu que nunca antes teve que ficar em uma fila para nada em sua vida. "Eu estou na fila!", ela dizia, "É maravilhoso, você encontra tantas pessoas diferentes em uma fila!".

Enquanto Hasnat tinha ido perguntar aos porteiros qual a probabilidade de entrar, e quanto tempo mais eles teriam que esperar, Diana ficou conversando com outras pessoas na fila, e contava suas experiências para Simone, praticamente ao mesmo tempo.

Tentando não estourar a bolha, Simone disse incisivamente que ela tinha a fila no supermercado todos os dias e, francamente, não podia ver a atração, mas Diana estava em êxtase, ela se sentiu envolvida no mundo real.

A princesa estava com um de seus disfarces: leggings, uma jaqueta e um par de óculos com lentes claras. Mesmo disfarçada, Diana continuava atraente. Uma vez, ela ligou para Simone e contou que estava em uma estação de metrô, onde duas "figuras" conversavam, mas logo que ela passou, eles olharam disfarçadamente e Diana ouviu quando um disse ao outro, "Eu queria dar uma nela!" É o tipo de comentário que muitas mulheres devem achar ameaçador, mas Diana delirou. "Imagina se eles descobrem com quem estavam falando!"

Diana e Hasnat gostavam de jantar em restaurantes ou, às vezes, apenas de beliscar um bacalhau com batatas fritas na "chippy".

Hasnat Khan não era uma das pessoas mais preocupadas com a saúde. Certamente, o seu trabalho não deixava sobrar muito tempo para fazer compras e cozinhar, então, ele acabou se acostumando a viver de comida pronta, entregue em domicílio. Simmons lembra, "Eu podia vê-lo descendo a rua com um saco de frango frito"; ela começava a rir e dizia, "Eu não acredito, aquilo tem um cheiro horrível". "Ele é um cirurgião cardíaco e está fazendo tudo o que recomenda a seus pacientes para não fazer. Ele come alimentos gordurosos, fuma muito e bebe demais!".

Durante esse tempo, Diana floresceu fisicamente. De acordo com um amigo próximo, ela tinha um "brilho perverso" nos olhos. Sua pele adquiriu um brilho e ela parecia flutuar.

Ela chamava Hasnat de "Sr. Maravilhoso".

Para espanto de muitos, Diana até aperfeiçoou suas habilidades culinárias e aprendeu a usar o micro-ondas. Certa vez, toda cheia, ela contou a Simone que tinha cozinhado macarrão para Hasnat. Simmons não resistiu: "Eu não posso acreditar nisso, você realmente cozinhou macarrão?" Diana concordou: "Sim, eu aprendi a usar o micro-ondas. A Marks & Spencer tem essas pequenas refeições muito inteligentes que você simplesmente coloca no micro-ondas, marca o tempo, aperta o botão e ele cozinha para você!".

Essa era a ideia que Diana tinha a respeito de cozinhar uma refeição, não interessa quão simples pode ser classificado em qualquer escala de intervenção culinária, seu orgulho do produto acabado era insuperável.

Cinzeiros foram espalhados no palácio de Kensington, para Hasnat. Diana deu graças por Fergie fumar; por isso ela tinha tantos cinzeiros disponíveis!

Diana sabia exatamente a melhor forma de evitar a imprensa e manter o relacionamento em segredo. Se fosse para buscá-lo, uma viagem de carro que normalmente demoraria cerca de dez minutos para o outro lado de Londres, ela levaria em torno de 40 minutos para evitar que alguém a seguisse, antes de se aventurar em qualquer lugar perto de seu destino final.

Ela variava os carros: usava o dela, o de seu mordomo ou uma Range Rover. Ela dirigia até o hospital Brompton, pegava Hasnat, e voltava com ele no banco traseiro escondido em um cobertor.

Algumas vezes, Diana também ia ao Hospital Harefield, em Middlesex, se Hasnat estivesse de plantão, saindo do local nas primeiras horas da manhã.

Khan não se importava muito com o próprio carro. Diana contou para Simmons sobre o dia em que ele quis ir buscá-la, mas ela considerou melhor recusar. "Eu não acho que posso ir naquele carro porque o escapamento está caindo e faz muito barulho, se formos parados pela polícia, acho que eles terão algo a dizer sobre isso e o resto do mundo também!". Diana quis comprar um carro novo para Khan, mas ele recusou terminantemente.

A equipe do palácio de Kensington nada sabia sobre o que estava acontecendo. Mesmo o seu confiável mordomo, Paul Burrel, só soube do relacionamento quando ele já estava firmemente estabelecido. Se Hasnat aparecesse tarde da noite no palácio, era ela quem ia recebê-lo na porta dos fundos. Se ele aparecesse durante o final de semana, ela simplesmente pedia para Burrel manter os outros ocupados em alguma parte do apartamento até que ele tivesse saído.

Os integrantes de sua equipe não eram os únicos que não sabiam do novo relacionamento. Até alguns de seus amigos considerados próximos não sabiam o que estava acontecendo. Lady Elsa Bowker, por exemplo, acabou descobrindo acidentalmente.

Elsa tinha sido convidada para almoçar com alguns amigos em Boodle, um clube de cavalheiros de Londres, em St. James. Havia sete pessoas ao redor da mesa, incluindo o ex-embaixador belga em Londres, o falecido Robert Vaes. Enquanto o almoço estava sendo servido, um dos amigos de

Lady Bowker se inclinou sobre a mesa e disse: "Elsa, sua amiga está tendo um caso com um paquistanês".

Lady Bowker ficou bastante surpresa. "Eu quase falei: 'As pessoas estão falando besteira'. Mas, na verdade, disse: 'Nunca, nunca. Enfim, eu nunca ouvi falar dele'". O embaixador belga me repreendeu. "Elsa, por que você está tão revoltada? Você conhece o doutor paquistanês?". "Não", respondi. "Então, como pode falar assim? Ele é um homem maravilhoso, um grande cavalheiro, muito inteligente, muito gentil e ela teria muita sorte se conseguisse alguém como ele". Eu apenas respondi, "Bem, estou espantada".

De acordo com os mais próximos, o fato de Diana decidir manter seu relacionamento com Khan em segredo, mesmo tendo que esconder isso de muitos de seus amigos, reflete a seriedade com que ela o considerava.

Roberto Devorik diz que eles conversaram sobre outros relacionamentos "de uma maneira muito mais fácil do que sobre este", e o fato de Diana querer que as coisas fossem mantidas em segredo era significativo. "Ela ria quando falava sobre os outros, e eu dizia, 'Eles são bonitos', ou 'Você deve estar se divertindo'. Mas com Khan, era como se ela quisesse protegê-lo. Eu perguntei sobre ele, mas ela queria manter as coisas privadas, e eu disse: 'Bingo, este é sério'".

Em certa ocasião, quando Devorik chegou ao palácio de Kensington, ele atravessou os portões e pediram para ele esperar no carro por um tempo, antes de receber a autorização para entrar. Paul Burrell perguntou: "Roberto, você tem certeza de que está sendo esperado hoje?" Devorik respondeu que Diana o tinha convidado para tomar chá. Em seguida, a princesa saiu e disse: "Roberto, você deveria vir amanhã." Ele disse, "Oh, Deus, bem, agora eu estou aqui, eu amo seus sanduíches de pepino, por favor, deixe-me ficar, temos algo para discutir". Ela respondeu: "Bem, Ok, mas estou esperando representantes de uma instituição de caridade em uma hora, e quando chegarem eu vou me encontrar com eles lá embaixo, e você vai ter que sair".

Olhando para trás, Devorik diz: "Era alguém que estava vindo para vê-la. Ela me fez ir embora, e nunca me apresentou a ele".

Uma noite, Devorik estava buscando um amigo num hotel em Knightsbridge, que disse: "Eu acho que vi a sua amiga, a princesa de Gales, entrando no hotel". "Você tem certeza?", "Sim, sim". Devorik pressionou Diana em uma conversa mais tarde, dizendo: "Peguei você, Diana! Eu quero saber com quem você estava no hotel!" Ela disse que tinha alugado uma sala privada para oferecer um jantar para o médico e alguns amigos que haviam chegado do Paquistão. Ela não estava oferecendo o jantar no palácio porque ela queria mantê-lo totalmente privado.

Devorik não está sozinho em expressar o sentimento de que "de uma forma engraçada, me senti traído". Apesar de todas as coisas que eles tinham compartilhado juntos, todas as viagens, todos os telefonemas desesperados em todos os tipos de horários incomuns, este assunto era algo que ela não tinha compartilhado com ele.

Diana confessou para Simone Simmons que não sabia por que estava tão atraída por Khan, mas, na verdade, o admirava muito. Ele era um homem muito diferente daqueles que ela havia conhecido. Ela o achava um gênio, ao menos no campo da cirurgia cardíaca. E, certamente, não era a única a admirá-lo.

Diana estava desenvolvendo um vínculo cada vez mais forte com o médico Hasnat Khan. No entanto, isso não era, de forma alguma, o único aspecto de sua vida que a atraía, ou que a instigava a investigar e pesquisar. Eventualmente, seus pensamentos começaram a girar em torno da grande família de Khan no Paquistão.

Afastada da Família Real, e muitas vezes em desacordo com a sua própria família, Diana gravitava na direção de famílias substitutas. Ela frequentava a casa do chefe de Hasnat, professor Sir Magdi Yacoub, e sentia-se parte da família. Ela também se sentia em casa com a família de Lady Annabel Goldsmith. Sua filha era Jemima Khan, com quem Diana falaria sobre o "desejo de se casar com um homem do Oriente". Lady Goldsmith lembra que Diana era uma visitante regular de Ormeley Lodge em Ham Common, perto de Richmond Park, em Londres, para almoços aos sábados ou aos domingos. "O almoço de domingo, em Ormeley, geralmente é caótico. Todos se servem, e comem tão rápido que Diana por fim começou a nos controlar com o relógio". "Certo", ela dizia: "hoje foi o recorde de todos os tempos, quinze minutos". O riso tomava conta da mesa e todos falavam ao mesmo tempo. Aqui não havia cerimônia, e Diana adorava. Ela entrava no seu carro e vinha, geralmente arrumando uma maneira de despistar a imprensa, entrava pela porta dos fundos, cumprimentava os empregados, tentava fugir dos cães que latiam aos seus pés e se sentava para nos divertir. Certamente, sua retórica se tornou um ingrediente essencial desses almoços. Depois do café, ela costumava se oferecer para levar as xícaras para a cozinha, e com frequência eu a encontrava lá, lavando a louça.[2]

---

[2] *Requiem: Diana, Princess of Wales 1961-1997*.

A busca incessante de Diana por uma família à qual ela pudesse pertencer e chamar de sua, e que a fizesse se sentir amada e querida, agora a levaria até o aristocrático clã dos Pathans.

13

Tenho certeza de que já nos encontramos antes

A um mundo de distância da movimentada e poluída metrópole, a moderna cidade de Lahore, no Paquistão, está o bairro conhecido como Model Town, o equivalente, talvez, a Chelsea, em Londres. Suas ruas largas e tranquilas são alinhadas com palmeiras, entre as quais se vislumbram casas palacianas, muitas vezes com dois ou três andares, grandes varandas e extensos jardins.

As famílias que habitam a área estão entre as mais ricas, mais privilegiadas, melhor educadas, e mais poderosas do país. O bairro é o lar de médicos, escritores, advogados, professores e políticos, e o antigo primeiro ministro, Nawaz Sharif, morava ali antes de ser condenado à prisão perpétua, acusado de terrorismo e sequestro.

Ao lado de uma das estradas mais movimentadas, espessos portões de ferro forjado se abrem para revelar uma imponente casa colonial de pedra amarela, onde as crianças jogam críquete entusiasticamente no gramado da frente. Este é o lar da família Khan.

Um ventilador chia em um canto da sala e as cortinas de musselina flutuam suavemente no calor abafado e enjoativo do início da tarde. O piso de cerâmica é liso, pontuado com tapetes estranhos. As paredes são caiadas de branco, e no meio do piso uma mulher idosa está ajoelhada, enquanto recita suas preces.

Seu nome é Nanny Appa, nascida em 13 de janeiro de 1911, em Ferozepur, no que é agora a Índia. Em 1947, logo após a divisão da Índia e do Paquistão, ela e seu marido se mudaram para Lahore, onde assumiram a casa colonial de três andares na Model Town.

Appa deu à luz oito filhos: sua filha, Naheed, é a mãe de Hasnat.

A casa em si é uma mansão imponente, com amplas salas e pé direito alto. Ela ecoa, certamente como sempre, ao som das vozes das crianças. Três gerações vivem aqui.

Nos meses de verão, os ventiladores de teto lutam para manter algo semelhante a uma brisa em temperaturas que sobem regularmente a mais de 37 graus, e a situação piora com os frequentes cortes de energia. No inverno, por outro lado, as temperaturas em Lahore podem cair abaixo de zero. A maioria das casas antigas no Paquistão nunca teve aquecimento central instalado, o que as torna muito frias. O piso de cerâmica é gelado, o pé direito alto dissipa qualquer vestígio de calor. Mas Nanny Appa não sente o frio. Apesar de seus 89 anos, ela é a única na casa que não pede um cobertor ou um aquecedor no inverno. Na verdade, ela irá abrir uma janela para que o ar fresco e gelado entre, repreendendo os jovens por sua moleza.

Embora, em teoria, a família mantenha funcionários para cuidar das tarefas regulares, como cozinhar, limpar e lavar, se você espiar dentro da cozinha antes das refeições, inevitavelmente vai encontrar Nanny Appa descascando as cenouras e, muitas vezes, fazendo suas próprias refeições. Naturalmente, ela irá evitar quaisquer métodos ou aparelhos modernos. Ela gosta de manter velhos costumes.

Nanny Appa impregna a casa na Model Town com seu senso de solidez e aconchego. Ela define a casa, tornando-a um refúgio com antigos valores, um tranquilo idílio, onde se encontra em boa medida a generosidade e a compaixão.

Terminando suas orações, ela suspira profundamente. Sem dúvida, ela está pensando em Diana, a mulher que ela considerava ser sua filha adotiva, por quem ela reza todos os dias.

No canto de um dos quartos sobressalentes, encontra-se um velho armário de madeira. Enquanto Appa se move em direção a ele, seu estado de espírito é pesado. Dentro, à direita, há três prateleiras e Appa diz que este é o lugar onde ela mantém todos os símbolos especiais de seu passado. Entre as recordações e lembranças da jornada de uma vida estão dois sacos contendo cartas e cartões. Enquanto carrega, ela os segura com o respeito que deve ser demonstrado às relíquias sagradas. Ela destaca que existem muito poucas coisas no armário, mas estas, segundo ela, são "muito especiais. Elas são minhas!".

De volta ao seu quarto, Appa coloca o conteúdo dos sacos em sua cama, ao lado de uma tigela de prata e algumas velas perfumadas. Tal exibição só é concedida a visitantes privilegiados, pois para ela essas cartas, cartões e presentes são memórias sagradas de um amado ente querido.

Mesmo agora, quase três anos após a morte de Diana, as emoções de Appa ficam aparentes quando ela pensa na princesa. Enquanto olha os cartões, um com a pintura de Claude Monet, *White Nenuphars*, que traz uma ponte sobre a água, e outro com uma pintura de Sir Lawrence Alma-Tadema, lágrimas se formam em seus olhos, e começam a rolar pelo seu rosto. "Minha preciosa se foi", ela diz, "e isso me deixa muito triste".

Foi através de Appa que a família recebeu a primeira pista de que havia uma relação entre Hasnat e Diana, e ela veio na forma de um cartão de Natal. O vínculo entre Nanny Appa e Hasnat Khan sempre foi muito grande. Nanny Appa cuidou de Hasnat quando ele era uma criança pequena, se revezando com a mãe para amamentá-lo. Quando Hasnat contou a Diana sobre sua avó, ela decidiu enviar-lhe um cartão de Natal. Era dezembro de 1995, quando o cartão chegou — uma imagem de Diana e seus dois filhos que desejavam à Appa um Feliz Natal e um Feliz Ano Novo —, e a família ficou completamente perplexa. O cartão tinha chegado sem aviso, e foi uma surpresa para todos. Cada membro da família tinha sua própria teoria, e trocariam opiniões sobre como diabos Diana poderia saber sobre Appa.

Uma das teorias era a de que isso devia ser parte de algum tipo de esquema em que os pensionistas idosos em todo o mundo receberiam cartões de fim de ano e, portanto, Appa deveria estar na lista!

A família somente iria compreender o significado do cartão muito mais tarde.

Ao longo dos dois anos seguintes, Diana passaria a desenvolver um vínculo extremamente forte com Nanny Appa, através de cartas, presentes, flores e das visitas, sempre que a oportunidade surgia. Diana contaria a Appa tudo o que acontecia no palácio de Kensington, o que seus filhos estavam fazendo, e como a sua educação estava se desenvolvendo. Ela geralmente se referia a seu trabalho de caridade, e sua necessidade de cuidar dos menos afortunados em todo o mundo. As cartas eram escritas ou nos cartões ou em papel informal. Eram simples, notas amigáveis, como uma filha escreveria para sua mãe.

As cartas, todas manuscritas, mostravam a crescente proximidade que Diana sentia por todos da família de Khan. Nos primeiros dias, não muito tempo depois de conhecê-lo, Diana disse que pensava muito sobre o restante da família de Hasnat, e que ela estava muito interessada em conhecer a todos, mas isso dependeria da autorização do cirurgião.

Mais tarde, depois de finalmente conhecer os outros membros da família, as cartas iriam expressar sua alegria por poder passar um tempo com eles, e sua satisfação com os presentes generosos que recebia que, evidentemente, ela adorava, mas sentia que não merecia. Ela sempre oferecia à Appa seu mais profundo amor.

A troca de cartas e presentes continuaria até o fim da vida de Diana e pouco a pouco, Nanny Appa passou a gostar da princesa como se fosse uma de suas filhas. Seus presentes eram, geralmente, itens caseiros e pessoais, como um *shalwar kameez* amarelo ou um xale.

Diana também tinha ligações históricas com a família de Khan, embora não soubesse disso no começo. Em 1979, uma coincidência notável: ela já havia conhecido um dos tios de Hasnat, o professor Jawad Khan, outro cirurgião cardíaco.

Não muito longe da Model Town está um edifício branco de dois andares que abriga o Instituto Paquistanês de Cardiologia. Fora do edifício, o estacionamento tem pilhas de escombros, uma visão comum em muitas cidades asiáticas, apressadas para se tornar ocidentalizadas. Mas os buracos e as obras rodoviárias são um sinal de que as coisas já estão caindo aos pedaços antes mesmo de serem terminadas, ou o dinheiro acabou ou foi desviado para outro lugar.

Dentro do hospital, os corredores estão lotados de pessoas, as salas de espera transbordando. Este é um dos maiores centros de cirurgia cardíaca do Paquistão e dois andares acima está o escritório do cirurgião-chefe, professor Jawad Khan.

Jawad é o segundo filho mais velho de Appa, e outro membro da família Khan com quem Diana iria criar laços estreitos. Em seu escritório, ele examina uma imagem de raios-X de um menino de 14 anos de idade, com o coração do tamanho de uma bola de futebol. Um assistente entra correndo com a notícia de que um paciente recém-saído da sala de cirurgia desenvolveu complicações, três outros cirurgiões estão esperando por ele, para discutir o horário de trabalho e a responsabilidade no hospital, e o telefone toca constantemente.

Jawad Khan olha com o cansaço de um homem que sabe que a sua tarefa é impossível. Ele lida com 1200, 1500 casos por ano, uma média de trinta por semana, mas os recursos são lamentáveis, os equipamentos obsoletos, as sucessivas mudanças de governo deixaram o serviço de saúde aleijado. No entanto, a dedicação de Khan à sua profissão e ao seu país é absoluta, por isso existe uma aceitação do inevitável e uma firme determinação de fazer o melhor possível.

Mencione Diana para ele, e seus olhos se iluminam com uma alegria e um orgulho que o levam para longe de sua realidade, e as tensões e pressões de sua profissão são momentaneamente esquecidas. Sua voz instantaneamente se enche de vida e ele assume o ar de um contador de histórias que está prestes a transmitir algo mágico.

Foi o professor Jawad, não o doutor Hasnat, o primeiro membro da família Khan que conheceu Diana; ele, orgulhosamente, diz que foi no mesmo hospital onde ela conheceria Hasnat, cerca de 17 anos mais tarde. A ironia não passa despercebida pelo professor quando ele narra sua história.

No final de 1970, Jawad Khan trabalhava como assistente do professor Sir Magdi Yacoub, e assim como seu sobrinho, ele foi colocado no hospital Royal Brompton, em South Kensington.

Em setembro de 1978, o pai de Diana Spencer, na época com 54 anos de idade, entrou em colapso com uma enorme hemorragia cerebral. Diana tinha 17 anos na época.

O conde Spencer ficou em coma por vários meses e a madrasta de Diana, Raine, a ex-condessa de Dartmouth, supervisionava o tratamento no National Hospital for Central Nervous Diseases, no centro de Londres. Dois meses mais tarde, quando o conde Spencer sofreu uma recaída, ele foi transferido para o Royal Brompton. Ficou lá de novembro de 1978 até janeiro de 1979.

Jawad Khan se lembra das duas jovens que se sentavam na sala de espera. Elas vinham regularmente, todos os dias, e ficavam em silêncio por várias horas. Ele acabou descobrindo que as jovens visitantes eram a mais velha das duas irmãs de Diana, Jane, e Diana.

Jane era a porta-voz do pai, ela costumava perguntar como ele estava e Khan tentava descobrir o máximo possível de informações. Ele podia ver que Diana estava muito chateada para fazer qualquer pergunta, ela deixava que a irmã fizesse, mas sempre ouvia atentamente as respostas.

A segunda vez que ele encontrou Diana foi novamente uma coincidência. Foi na ocasião da viagem solo de Diana para o Paquistão, em setembro de 1991, quando ela estava sendo acompanhada por Seyeda Abida Hussain, em sua visita oficial de cinco dias.

Em 26 de setembro, o professor Jawad Khan estava enfileirado com outros professores de medicina da universidade, King Edward Medical College, de Lahore, à espera de ser apresentado à visitante da realeza. Diana caminhou ao longo da linha, educadamente, apertando a mão de todos, às vezes fazendo uma pergunta simples. Mas quando ela chegou ao professor Khan, ela se deteve na frente dele e disse: "Eu tenho certeza de que nós já nos conhecemos antes".

Khan estava completamente tomado pela surpresa, e disse simplesmente: "Sim, senhora, nos conhecemos quando seu pai esteve doente." Ele ficou surpreso por ela ainda se lembrar de seu rosto depois de 13 anos.

Na ocasião, mal sabia Diana que apenas quatro anos mais tarde ela iria se apaixonar pelo sobrinho deste homem, e estaria de volta ao hospital Royal Brompton, não esperando timidamente, mas visitando os pacientes e observando as operações cardíacas.

Hasnat Khan tem vários parentes que vivem na Grã-Bretanha. Entre eles, os mais próximos são o seu tio Omar, outro dos filhos de Appa, e sua tia Jane, uma advogada inglesa. Na época que Diana os conheceu, Omar e Jane viviam em Stratford-upon-Avon. Diana estava mantendo seu relacionamento com Hasnat em segredo até mesmo de alguns de seus amigos mais próximos, mas ela e Hasnat muitas vezes passavam o tempo juntos com Omar e Jane, e com o passar do tempo, Diana desenvolveu uma boa amizade com eles. Ela gostava da informalidade do lugar e do fato que, por algum tempo, era capaz de escapar das pressões da sua existência, e de acreditar que fazia parte de uma família.

Assim como mergulhar em uma cultura totalmente diferente, Diana sempre se interessou em mulheres que haviam feito a transição cultural entre o Oriente e o Ocidente. Jane, a esposa de Omar, havia se casado com um dos integrantes do clã dos Khan alguns anos antes, e sendo inglesa, ela teve que ir para Lahore e enfrentar a família sobre a questão de seu casamento com um dos seus. A atenção de Diana também estava sendo atraída para Jemima Khan, que seis meses antes havia se casado com o famoso jogador de críquete, Imran Khan.

De acordo com outro dos tios de Hasnat, Ashfaq Ahmed, irmão de Nanny Appa e um dramaturgo conhecido no Paquistão, Diana conheceu Omar e Jane quando ela foi para sua casa com Hasnat pegar alguns dos seus pesados livros de cirurgia. Hasnat tinha levado os livros para lá para que ele pudesse estudar para um exame, e agora ele queria recuperá-los. Este foi um fim de semana que Diana e Hasnat haviam planejado ficar juntos, mas Hasnat disse a Diana que seria impossível se encontrar com ela porque ele realmente precisava dos livros e teria que ir até Stratford para buscá-los. Diana disse: "Tudo bem, eu vou com você, e faço companhia no carro!" Quando eles chegaram à casa de Omar e Jane, as apresentações foram feitas e o chá foi servido.

Algumas horas depois, Hasnat disse que estava na hora de voltarem. Diana perguntou, "E os seus livros? Você veio até aqui só para levá-los de volta para Londres".

Ele disse, "Não, pensando bem, eles são muito pesados". Diana se ofereceu para ajudar, subiu as escadas, e da varanda gritou: "Eles são realmente pesados, mas eu posso jogá-los para baixo e você pega, exatamente como os pedreiros fazem com os tijolos". Um por um, eram quinze ao todo, eles foram jogados para Hasnat.

Diana conseguiu passar um tempo relaxando na casa de Stratford-upon-Avon. Sentindo-se em casa, ela logo tratou de se ocupar com as tarefas domésticas de que tanto gostava. Depois do jantar, ela recolhia os pratos da mesa e os colocava na máquina de lavar, depois era só se sentar na frente do fogo, jogar conversa fora e assistir à TV. Ela se sentia à vontade com os membros da família de Hasnat que conheceu, e uma parte de sua vida que tinha ficado vazia por tanto tempo, aos poucos estava sendo preenchida.

14

EU TERMINEI DE PASSAR MINHA ROUPA. QUER QUE EU PASSE A SUA?

No início de 1996, Diana estava envolvida em amarrar as pontas soltas de sua vida anterior. Em particular, tentava garantir o melhor acordo de divórcio possível. A esta altura, a conclusão de seu casamento com Charles estava próxima. A rainha escreveu à Diana pedindo o divórcio quase três anos depois do dia em que a separação formal do casal se tornou pública. Como ela disse ao primeiro ministro, "quanto antes melhor para os interesses do país".

Um esfriamento das relações, que havia começado com o livro de Morton, havia sido completado com a entrevista no programa *Panorama* em 20 de novembro de 1995.

No entanto, provocar um divórcio rápido não era a intenção de Diana no momento da entrevista. Ela estava convencida de que realmente poderia permanecer casada com Charles, em um novo contexto de respeito e independência. Para ela, seria um casamento melhor.

A verdade amarga apareceu como um severo golpe para a princesa, e Simone Simmons diz que Diana se desfez. "Ela não conseguia descansar à noite e começou a tomar pílulas muito fortes para dormir. Ela corava constantemente".

Isolada e sozinha, Diana passou o dia de Natal sozinha no palácio de Kensington e, em 27 de dezembro, ela partiu para o exclusivo clube K, na ilha caribenha de Barbuda. Com ela, estava sua assistente pessoal, de 26 anos de idade, Victoria Mendham. Como resultado da entrevista ao programa *Panorama*, Diana perdeu dois de seus membros leais da equipe. Primeiro, o secretário de imprensa, Geoffrey Crawford, que se demitiu imediatamente após a exibição da entrevista e, depois, o seu secretário particular, Patrick Jephson, que saiu em janeiro de 1996, após oito anos de serviço. Diana estava, aos olhos de alguns observadores, muito perto de um colapso.

O telefone estava tocando na loja do estilista Rizwan Beyg, em Karachi, sul do Paquistão, no início de 1996.

Do outro lado da linha estava Jemima Khan, dizendo que a princesa Diana estava pensando em fazer uma visita de dois dias ao Paquistão, e que seria bom, ela sugeriu, se o estilista pudesse voar para Lahore, trazendo consigo algumas amostras de seus bordados, para que os dois pudessem esboçar algumas ideias para alguns vestidos para a princesa.

Jemima contou a ele que Diana estava fazendo a viagem para angariar fundos para o hospital, acompanhada da mãe de Jemima, Lady Annabel Goldsmith.

Beyg nunca tinha desenhado nada para uma princesa e estava animado com a perspectiva de a mulher mais famosa do mundo vestir suas roupas.

Ele embalou com cuidado em uma sacola algumas amostras de seus designs e, uma semana mais tarde, dirigiu-se a Lahore.

Ao chegar, ele se encontrou com Jemima Khan e uma das irmãs de Imran Khan, Aleema. Eles conversaram longamente sobre o tipo de roupa que ele deveria fazer e concordaram com três trajes para Diana usar na visita ao hospital, haveria um traje principal, e um par com um estilo e uma silhueta mais étnicos como opção, caso ela preferisse. As roupas deveriam ser em tons claros, clássicos, com bordados de pérolas. Beyg vinha estudando o estilo dela com cuidado e achou que Diana provavelmente preferisse algo sob medida. Ele podia ver que Diana estava procurando um estilo individual através das roupas que escolhia naquele momento.

"Moda", diz ele, "representa a individualidade. No Paquistão, os ingredientes são praticamente os mesmos, basicamente tecido e bordado, ornamentação ou silhueta, todas as roupas são uma manifestação do indivíduo". Beyg sentia que para Diana era muito claro o estilo que ela estava procurando. E o fato de que ela havia se mostrado disposta a usar um *shalwar kameez* demonstrava que ela estava pronta para abraçar outras ideias e culturas.

Beyg voltou para Karachi com as medidas básicas reais, fornecidas por Jemima. Mesmo assim, ele rezou para que as roupas servissem quando Diana as experimentasse.

Após muita ponderação sobre o estilo preciso do traje principal, Beyg decidiu usar o achkan, uma roupa tradicionalmente usada pelos homens em casamentos. É claro que ele iria fazê-la bem mais suave e feminina. A clássica gola mandarim foi substituída por uma meia-gola com um profundo "V" para acentuar o pescoço. A tonalidade deveria ser a do marfim pálido, e tinha que ter pérolas porque Diana as amava. A roupa toda deveria ser bordada. As calças deveriam ser um derivado do *shalwar* clássico, mas mantendo a forma pantalona básica.

Ele e sua equipe começaram a trabalhar na produção do traje. Mais de duas centenas de horas foram gastas somente no bordado, e a roupa demorou três semanas para ser concluída. Mas no momento em que Diana chegou ao Paquistão, o traje estava pronto.

Seis semanas depois do Ano-Novo, o jato particular, branco e verde, taxiou na pista do aeroporto de Lahore em 20 de fevereiro de 1996, parando do lado de fora do edifício do terminal. Diana surgiu com Lady Annabel Goldsmith, a esposa do financista Sir James Goldsmith, e com Lady Cosima Somerset, sobrinha de Annabel. Ninguém tinha dormido no voo. De acordo com Lady Annabel, foi porque Diana fez todo mundo rir muito. "O jato tinha assentos que se transformavam em camas, mas Diana ficou tão descontrolada de tanto rir tentando reclinar seu assento que ela conseguiu cair dele".

"Foi como uma farra no dormitório", disse Cosmina.[3]

O aeroporto estava lotado de jornalistas e equipes de televisão, apesar de não haver permissão para a transmissão na TV e nas estações de rádio controladas pelo Estado do Paquistão porque Benazir Bhutto, que já tinha convidado Diana para o Paquistão, agora encarava a visita da princesa como uma tentativa de seu oponente político, Imran Khan, de impulsionar suas próprias ambições angariando votos. Imran Khan tem repetidamente acusado o governo de Bhutto de corrupto.

O Hospital do Câncer que Khan tinha fundado em memória de sua mãe que havia morrido da doença, tinha experimentado uma série de infelizes contratempos e todos os envolvidos esperavam que a visita de

---

[3] *Requiem: Diana, Princess of Wales 1961-1997.*

Diana fosse aumentar a sua visibilidade e impulsionar os esforços de arrecadação de fundos.

Como esta era uma visita estritamente particular, não havia nenhuma recepção oficial no aeroporto, então Diana subiu na parte de trás do Mercedes preto ao lado de Annabel e Jemima, e com Imran ao volante, juntos eles percorreram o caminho do aeroporto até ao centro da cidade.

Apesar da repressão da mídia de Benazir Bhutto, a cidade inteira foi mobilizada com a notícia da chegada de Diana. Na estrada, saindo do aeroporto, Imran Khan diz que houve uma mobilização incrível do povo de Lahore. Ele foi pego completamente de surpresa, já que era muito incomum seus conterrâneos reagirem de uma forma tão entusiasmada com qualquer celebridade. Na verdade, Khan diz que jamais outra celebridade produziu um impacto como esse de Diana durante essa visita ao Paquistão. Quando ele inaugurou o seu hospital ele convidou quatro das principais estrelas do cinema indiano, ainda populares no Paquistão apesar das diferenças de longa data entre os dois países. As estrelas de cinema provocaram uma grande agitação, mas nada comparado com o impacto que a princesa Diana provocou.

Enquanto esteve em Lahore, Diana ficou hospedada em uma mansão de estilo rústico com quatro quartos de propriedade do multimilionário empresário Jehangir Monnoo, um amigo próximo de Imran Khan, que havia feito sua fortuna com produtos têxteis e agrícolas. É uma casa ricamente decorada em Shah Jamal, no centro do distrito luxuoso Shadman em Lahore, que fica ao lado da margem do canal.

A sala estava repleta de artefatos orientais, pinturas e tapetes, e do lado de fora ficava a piscina com trampolim, e perto de uma estufa uma jacuzzi, um banho turco e uma sauna. Na cama de Diana, o proprietário havia colocado um boneco de pelúcia do Snoopy e uma boneca troll que estava vestindo uma camiseta estampada com a mensagem "envelhecida até à perfeição".

Naquela tarde, por volta das quatro horas, Rizwan Beyg chegou à casa Monnoo. Enquanto percorria o caminho em direção à entrada, o estilista teve que ser escoltado através de linhas de segurança já que os paparazzi estavam lá fora com força total. Muitos deles estavam empoleirados em árvores, tentando capturar um vislumbre de Diana.

Quando Beyg chegou, a princesa estava relaxando à beira da piscina depois de sua jornada, mas Jemima falou ao estilista que iria buscá-la. Dez minutos mais tarde, Diana apareceu. Ela olhou atentamente para o traje marfim com pérolas bordadas, e instantaneamente se apaixonou por ele, espantada com a perfeição do trabalho. Ela disse que os bordados estavam incríveis. Ela, Beyg e Jemima conversaram animadamente sobre a obra, os desenhos e as cores antes que Diana pedisse desculpas e dissesse que, como ela ainda estava sentindo muito a diferença do fuso horário, se ele se importaria se ela não experimentasse naquele momento.

Beyg ainda estava um pouco preocupado se o traje se ajustaria a ela perfeitamente, mas ele entendeu a necessidade de tirar uma soneca depois de um longo voo. Quando estava prestes a sair, ele pediu um favor: será que a princesa se importaria em posar para uma foto com ele?

Diana concordou prontamente e ele foi para o seu carro para pegar a câmera. Para sua decepção, percebeu que tinha esquecido. Diana disse que não havia problema e que ela ficaria feliz em esperar se ele quisesse procurar uma em algum lugar. Beyg não demorou muito tempo, mas quando voltou, satisfeito, com uma câmera emprestada, ele encontrou Diana vestindo a roupa criada para ela. Havia se decidido a experimentá-la. Ela disse que se os dois fossem aparecer em uma fotografia juntos, com certeza, deveria estar vestindo algo que ele havia desenhado.

Uma foto foi devidamente tirada e a essa altura Diana estava claramente acordada. Ela pediu para Beyg ficar para tomar um café, durante o qual conversaram longamente sobre a moda em geral e sobre o que estava acontecendo na moda no Paquistão.

Beyg falou sobre o contraste existente entre a moda em seu país e a moda no Ocidente. Ele disse que as passarelas de Lahore não eram como as de Roma, Londres ou Nova York, e que havia restrições religiosas sobre o que era considerado apropriado para as mulheres paquistanesas. No entanto, havia uma grande beleza nos materiais e estilos tradicionais.

Diana usou a roupa pela primeira vez naquele dia de fevereiro de 1996 e depois foi amplamente fotografada no final daquele ano quando seu acordo de divórcio foi anunciado, passando a representar um momento marcante.

Em Lahore, no dia seguinte do recebimento da roupa de Beyg, Diana visitou o hospital Shaukat Khanum Memorial Cancer Hospital de quinze milhões de libras de Imran Khan. Todos os anos há cerca de quinhentos mil novos casos de câncer no Paquistão, diz Khan, e seu hospital é a única instituição especializada que existe para o tratamento da doença no país.

É um lugar impressionante. Construído nos arredores de Lahore é moderno e limpo, emprega seiscentos funcionários, e o tratamento para a maioria dos pacientes, muitos dos quais extremamente pobres, é gratuito. O hospital depende quase que inteiramente de doações para sua sobrevivência, e uma ou duas vezes se viu em apuros. É somente através de uma contínua e dura rotina de organização de eventos e condução de campanhas durante todo o ano que o dinheiro necessário pode ser levantado. Sem esse esforço os ricos continuariam a viajar para o exterior para o seu tratamento, mas os pobres teriam que enfrentar uma sentença de morte certa.

Diana se moveu de ala em ala, vendo todos aqueles rostos de crianças doentes. Ela estava obviamente preocupada com o que estava vendo e queria saber o que poderia fazer para ajudar. Mas sua presença era um tônico para todos naquele dia, e ela estava determinada a não permitir que nenhum paciente deixasse de vê-la.

Do lado de fora, no terreno do hospital, uma grande tenda foi erguida, e depois da turnê, muitas crianças estavam enfileiradas esperando para sentar no colo de Diana ou apertar a sua mão. Foi aqui que Diana encontrou um menino de sete anos chamado Ashraf Mohammed. Ashraf estava gravemente doente, com um tumor cerebral, e os médicos haviam lhe dado apenas algumas semanas de vida.

Diana embalava Ashraf enquanto ela assistia a um show executado por outras crianças doentes. Imran Khan lembra que o rapaz estava em um estado terrível, era demais para qualquer um suportar, mas Diana não se intimidou. Khan diz que Ashraf tinha um tumor purulento e cheirava muito mal. Ele podia sentir o cheiro a dois metros de distância de onde estava sentado com Jemima. Mas Diana segurou o menino por meia hora, aparentemente totalmente alheia à sua condição; ele disse que era como se ela estivesse segurando seu próprio filho. Diana disse à mãe de Ashraf que ela iria providenciar um tratamento adequado em qualquer país que existisse.

Durante essa visita a Lahore, Khan sentiu um vazio emocional em Diana. Ele podia ver que ela estava muito sozinha e muito insegura, mas ele também poderia dizer que havia "uma espécie de lado selvagem" nela, que estava "um tanto rebelde". "Havia algo para ela que estava claramente incompleto: a vida privada. Ela não estava feliz com sua vida, e ela provavelmente queria muito mais segurança, mais de uma família. No outro lado, existia essa mulher completamente compassiva que doava tanto para as outras pessoas, especialmente aquelas em sofrimento, carentes. Isso era tão genuíno nela, por isso recebia tanto amor e respeito".

Imran Khan atribui sua popularidade à combinação especial de sua personalidade. Ela era "muito atraente e fascinante, era uma figura da realeza e possuía um lado extremamente piedoso".

Na visão de Khan ela não era realmente afetada por raça, nacionalidade ou religião. "Ela parecia pairar acima de tudo isso. Foi essa combinação de ingredientes que fez dela uma grande personalidade".

Dezoito meses mais tarde, quando a notícia da morte de Diana chegou à família de Ashraf, eles evitaram dizer ao menino. Mas, inevitavelmente, a trágica notícia vazou, através das outras crianças da família. Ele simplesmente disse que era "a vontade de Deus". Estas foram as últimas palavras que ele proferiu, ele nunca mais falou depois disso.[4]

Após a visita de Diana ao hospital, ela e o resto do grupo voltaram para a casa Monnoo para se preparar para o banquete de arrecadação de fundos na mesma noite. O jantar para quinhentas pessoas celebrava o Ramadã muçulmano, mas também foi organizado para a arrecadação de fundos para o hospital.

Enquanto Diana e Lady Annabel Goldsmith estavam se preparando, a eletricidade e a água foram de repente cortadas, e Lady Annabel se viu tendo que tomar banho em um filete de água com o auxílio de uma lanterna. Conforme Lady Annabel escreveu no *Requiem*, Diana conseguiu tomar banho também, embora tenha sido interrompida pelo menino de recados que apareceu em seu quarto com uma cópia do Alcorão, um presente para ela, e um bloco e uma caneta na outra, ele queria seu autógrafo. Ela conseguiu encantar a todos, incluindo os criados na casa.

Diana já se sentia em casa, durante o corte da energia elétrica ela falava sobre a cor do esmalte que iria usar e como gostaria de comprar sandálias no mercado local.

Mais tarde, quando a eletricidade foi restaurada, Lady Annabel percebeu estranhos ruídos de batidas provenientes do andar de cima. De repente, o barulho parou e Diana gritou, "Eu terminei de passar minha roupa. Quer que eu passe a sua?".

No jantar de arrecadação de fundos daquela noite foi anunciado, através do microfone, que Diana iria distribuir alguns autógrafos. Em instantes, centenas de mulheres correram para a mesa onde ela estava e a cerca-

---

[4] Apesar da campanha na mídia para levar Ashraf para a Inglaterra para um tratamento, como Diana queria, o garoto nunca fez a viagem. Ele morreu na última semana de janeiro de 2000.

ram completamente. Isso fez Diana gargalhar. "Por que *vocês* não assinam o meu nome, não é tão difícil", ela disse.

Além do evidente impacto que ela provocou ajudando a levantar fundos para o hospital, Diana também tinha razões pessoais para a visita. Ela havia se tornado mais íntima da filha de Annabel Goldsmith, Jemima. Quando Jemima se casou com Imran Khan, 22 anos mais velho do que ela, em junho de 1995, Diana estava curiosa sobre a dinâmica do relacionamento do casal. Era uma união que parecia combinar a liberdade do Ocidente e a espiritualidade do Oriente, uma combinação sobre a qual Diana já havia manifestado o seu interesse para Abida Hussain durante a sua visita ao Paquistão, em 1991.

Jemima tinha feito uma transição bem-sucedida da menina ocidental para a esposa asiática, apesar da oposição inicial à união, tanto dos britânicos, que achavam que ela estava traindo a sua linhagem quanto dos paquistaneses que sentiam que ela não tinha o direito de reivindicar um de seus heróis.

Ao contrário de estar marginalizada, Jemima parecia, pelo menos do lado de fora, estar integrada na vida paquistanesa. Ela se converteu ao Islã, teve dois filhos, Sulaiman e Kasim, e aprendeu sozinha a falar Urdu. Ao longo do caminho ela conquistou o respeito de um público paquistanês inicialmente desconfiado.

Enquanto os seus sentimentos por Hasnat Khan aumentavam, Diana discutia com Jemima os pontos positivos e os negativos de se casar em uma religião diferente. Diana ficou fascinada pela cultura em que Imran estava mergulhado. Ela amava a tradição paquistanesa da unidade familiar, da sociedade que girava em torno da vida familiar, e que permitia que as mães e os filhos ficassem juntos em todos os momentos. Este contraste com a sua antiga vida dentro da Família Real, que ela considerava fria e distante, era muito atraente. Jemima estava morando com o pai e as irmãs de Imran, com seus maridos e filhos e já havia escrito que ela acreditava que existem muitas lições a serem aprendidas com uma sociedade tão tradicional. Entre estas lições ela destaca a do sistema familiar, em que todos os parentes são agrupados em uma comunidade de indivíduos completamente interdependentes, cada um dos quais possuindo um importante papel, independentemente da idade e do sexo. Enquanto no Ocidente um indivíduo sai de casa a fim de crescer e amadurecer, no Paquistão o sistema familiar cria, em sua opinião, uma base muito mais sólida para o desenvolvimento de uma pessoa. Entre as mais evidentes vítimas da abordagem ocidental, para ela, estão as mães que trabalham fora. Elas não recebem nada além de simpatia pela falta de benefícios sociais e ainda são obrigadas a enviar os filhos para as creches. No Paquistão, eles permanecem dentro do ambiente familiar. Ela também ficou impressionada com a prática paquistanesa de lidar com os problemas conjugais dentro da própria família, em vez de recorrer aos orientadores de casamentos.[5]

Diana ficava sentada até as primeiras horas da manhã conversando sobre o casamento de Jemima, e isso a fazia pensar de forma nova e mais profunda sobre o homem que ela havia conhecido no Hospital Brompton. Como sempre, Diana foi além de sua relação imediata e quis conhecer os membros da família de Hasnat. Ela falou com as irmãs de Imran sobre isso, e elas chamaram o professor Jawad Khan para transmitir a mensagem. Jawad estava preocupado com a atenção da imprensa que a sua visita poderia atrair, mas ele falou com Diana longamente ao telefone. Ela disse que gostaria de ir vê-lo e que também queria conhecer a mãe de Hasnat, Naheed Khan. Ele explicou as suas reservas sobre a imprensa, e eles decidiram adiar o encontro por enquanto.

---

[5] Mirror, 25 de novembro de 1997.

15

DEVEMOS CONVIDAR A SENHORA BUTTHO PARA UMA EXIBIÇÃO ESPECIAL!

....

Durante quatro meses, depois de voltar do Paquistão, Diana faria apenas algumas aparições em público. Em junho, no entanto, ela voou para Chicago para ajudar a arrecadar fundos para uma série de instituições de caridade para o tratamento de câncer. Durante esse período, a sua relação com Hasnat Khan estava desabrochando.

Às vezes, eles se viam a cada dois dias, às vezes a cada duas semanas; dependia muito dos compromissos de trabalho de Hasnat. Normalmente, eles se encontravam no palácio de Kensington. Em raras ocasiões, Diana ia ao seu apartamento, em Chelsea. Depois da primeira visita ao apartamento de Hasnat, ela comentou com Simone Simmons suas impressões sobre o lugar: "É o apartamento de um homem comum, precisa de limpeza". Havia um par de canecas velhas e bolorentas, porque Hasnat nunca fica lá, nem tem tempo para cuidar de nada. A evidência de seu trabalho estava em todos os lugares, e Diana disse que ficava "atolada até os joelhos em papéis"; ela estava "tendo dificuldades em encontrar um pouco de espaço no chão". "Seria", disse ela, "um bom tapete para alunos".

A grande paixão de Hasnat era o seu trabalho, toda a sua energia era direcionada à sua profissão. Tanto que muitas vezes ele vinha antes de Diana, dependendo da urgência, ela ficava sobrando. Mas se a impressão era a de que Diana e Hasnat Khan tinham pouco em comum e haviam experimentado vidas completamente diferentes, havia algo que os amigos de Diana descreviam como uma "química" entre eles. Khan era tão diferente dos homens que ela havia conhecido antes, não fazia parte da aristocracia britânica e era um homem dedicado à sua carreira — a de salvar vidas.

Eles conversavam muito sobre a religião muçulmana, Diana estava fascinada pelas rigorosas leis alimentares do islamismo, mas o mais importante era que cada um estava, à sua maneira, tentando ajudar as pessoas e, de acordo com os amigos, um forte elo crescia entre eles por causa disso.

"Eles tinham muito em comum, lidavam com assuntos de vida e morte", diz Debbie Frank. "Foi muito empolgante para ela encontrar alguém com uma profissão como a dele. A cirurgia cardíaca é muito importante, o médico é quase onipotente em uma situação cirúrgica, ele tem o poder de manter alguém vivo. O coração de Diana estava partido e Khan parecia ser perfeito para curá-la e para incentivar o seu interesse em ajudar outras pessoas a se curarem. Ele era autossuficiente, independente. Ele não queria sua realeza, sua posição, seu status, ele não se impressionava com nada disso. Como um cirurgião cardíaco, ele tinha uma vida extremamente estressante, longas horas de trabalho, muitas vezes exaustivas. No entanto, era muito estável e parecia lidar bem com a pressão. Diana passou a lidar melhor com a pressão depois de Hasnat entrar em sua vida."

O poder de Khan, como médico, a fascinava. "Ele tem o poder da vida sobre a morte", ela disse a um amigo ao descrever seus atributos. Ela queria saber tudo sobre o coração humano, como ele trabalhava, como ele funcionava. Para isso, obteve uma cópia do livro *Gray's Anatomy*, o almanaque clássico do corpo humano, leitura obrigatória para todos os estudantes de medicina, mas que dificilmente é uma leitura leve para qualquer pessoa. Mas Diana se dedicou à tarefa e surpreendeu Khan com a extensão de seu conhecimento. Depois de já ter feito tantas visitas regulares para confortar os pacientes no Royal Brompton, o professor Sir Magdi Yacoub perguntou se ela estaria interessada em assistir a uma cirurgia. Diana aceitou na hora, principalmente porque isso lhe permitiria participar da vida profissional de Khan.

Ela se tornou uma visitante assídua da sala de operações, chegando a assistir a quatro cirurgias em um dia, no Royal Marsden Hospital, em Londres. Apesar de ter sido advertida pelos médicos de que poderia ver imagens chocantes, a princesa suportou tudo admiravelmente. Diana contou aos amigos que achava as cirurgias cardíacas fascinantes, e que ela não se sentiu nem um pouco enjoada.

Em 23 de abril de 1996, ela foi filmada por uma equipe da Sky News enquanto assistia a uma cirurgia cardíaca no Harefield Hospital, realizada em um menino africano de sete anos de idade, chamado Arnaud Wambo. Hasnat a ajudou "a se lavar" antes.

No entanto, a presença da câmera não ajudou em nada, muito pelo contrário. Diana recebeu muitas críticas por sua participação, não só porque ela poderia ter sido uma influência perturbadora, ou atrapalhar ficando no caminho, mas também porque estava usando máscara.

Não havia nada de superficial no interesse de Diana, apesar de tudo. Ela estava mergulhando fundo no mundo da medicina e, particularmente, na cirurgia cardíaca. Isso a ajudava a compreender o mundo profissional de Hasnat, permitindo que os dois fossem capazes de conversar sobre o seu trabalho ou seus estudos sem que ela ficasse perdida nos detalhes.

E também provocava momentos engraçados. Uma vez, enquanto trabalhava no Northwick Park Hospital, em Harrow, Middlesex, Hasnat passou por uma situação desanimadora. Ele vinha praticando cirurgias cardíacas em ovelhas durante toda a semana, mas todas haviam morrido. Após a morte da décima primeira, ele ligou para Diana e contou o que tinha acontecido. Ela foi muito solidária com ele ao telefone, e depois começou a tentar animá-lo. Com muito senso de humor, a solução de Diana para o problema foi comprar uma ovelha inflável, chamando-a de Daisy. Desse modo, segundo ela, ele poderia ter a certeza de possuir pelo menos uma ovelha para operar.

Khan ficava impressionado com a afinidade natural de Diana para lidar com os doentes e seus incansáveis esforços para oferecer-lhes conforto. Ele admirava a maneira natural como ela se sentava ao lado da cama, segurando as mãos daqueles que estavam se recuperando da cirurgia realizada por ele e seus colegas, e ela não fazia isso para chamar a atenção, mas simplesmente porque se importava.

Diana e Hasnat estavam ficando cada vez mais próximos, e a princesa confiava nele cada vez mais; eles conversaram sobre o colapso de seu casamento e do trauma de tentar chegar a um acordo de divórcio com o príncipe Charles. Ele era um apoio sólido para ela e alguém com quem ela podia contar em momentos de necessidade.

Era 4 de julho de 1996, e os *paparazzi* estavam a todo vapor. Menos de duas horas antes, os advogados do príncipe Charles tinham anunciado o acordo do divórcio que colocava um ponto final no seu casamento com Diana e a princesa recebeu, no seu apartamento no palácio de Kensington, o telefonema que estava esperando desde abril.

Diana soube que iria receber uma quantia fixada em 17 milhões de libras e mais 400 mil libras por ano para despesas ligadas às suas funções oficiais e de seu escritório.

A princesa chegou ao Hotel Dorchester, em Park Lane, Londres, como convidada de honra para um grande jantar de arrecadação de fundos que Imran Khan estava promovendo para o seu hospital. Este foi um dos eventos sociais mais deslumbrantes do ano, com a participação de seiscentas celebridades. Ela estava no centro de um grupo de fotógrafos.

Diana vestia a roupa criada especialmente para ela em Lahore, em fevereiro daquele ano, por Rizwan Beyg, o *shalwar kameez* marfim com pérolas. As fotos da princesa dominaram os noticiários daquela noite, e os jornais do mundo na manhã seguinte. A roupa que foi capturada por uma centena de lentes enquanto ela caminhava através dos flashes se transformou no símbolo de uma ruptura com a instituição do casamento e da realeza, e passou a representar um tipo de libertação, uma expressão de sua almejada independência e sua passagem de uma vida rigidamente controlada para outra, ainda indefinida.[6]

Em 12 de julho, foi estabelecido o acordo final de divórcio, e em 15 de julho Charles e Diana preencheram a sua "ordem provisória de divórcio", a declaração de que o casamento de quinze anos seria oficialmente dissolvido em 28 de agosto. No dia seguinte à ordem provisória de divórcio, Diana anunciou uma reestruturação maciça de suas responsabilidades sociais. Ela pretendia renunciar ao cargo de presidente ou patrona de mais de uma centena de organizações e dedicar mais tempo a apenas seis instituições de caridade escolhidas.

Quando a notícia do divórcio foi anunciada na televisão, Hasnat Khan estava sentado na sala de estar da casa de seu tio Omar e de sua tia Jane, em Stratford-upon-Avon, assistindo à cobertura. Com ele estavam a avó de Hasnat, Nanny Appa, e seu primo adolescente, Mumraiz, que haviam chegado do Paquistão para uma visita à Inglaterra.

---

[6] O *shalwar kameez* está agora em exibição na propriedade dos Spencer, em Althorp, Northamptonshire.

Por volta das quatro horas da tarde, Diana chegou à casa dos tios de Hasnat em seu carro, depois de ter dirigido sozinha de Londres. Hasnat a apresentou à Mumraiz e, finalmente, à Nanny Appa. As duas tinham se correspondido durante os últimos seis meses, e ficaram encantadas em finalmente se encontrar pessoalmente. Diana estava tecendo vínculos com a família de Hasnat Khan, bem como fortalecendo o seu relacionamento com o doutor.

O primo de Hasnat, Mumraiz, tinha vindo para a Inglaterra para jogar críquete. Estava com treze anos, uma idade próxima à dos filhos de Diana na época, e ela sugeriu ao pai de Mumraiz, o professor Jawad Khan, que ficassem com ela e os meninos nas férias.

Depois de uma xícara de chá na casa de Omar e Jane, Diana disse que gostaria de assistir a um filme. Mumraiz foi despachado para a locadora mais próxima, onde escolheu o segundo filme do *Ace Ventura*, estrelado por Jim Carey. Diana contou a Mumraiz que tinha acabado de levar seus filhos para ver um filme semelhante, no aniversário de William.

Todos se sentaram e assistiram ao vídeo juntos, era uma simples noite familiar, assistindo à TV, contando piadas e rindo muito.

Depois que o filme acabou, Appa preparou o jantar, dal, arroz e salada, e na mesa Diana contou à família sobre o péssimo estado de saúde de Sir James Goldsmith, pai de Jemima Khan. Goldsmith estava dando assistência, em segredo, à Diana no seu acordo de divórcio, e ela o tinha encontrado há apenas alguns dias no evento de gala para o hospital de Imran Khan, no Dorchester Hotel.

Como fazia ultimamente, depois que todos comeram, Diana ajudou a limpar a mesa e lavar a louça, e por fim os deixou, tarde da noite. Hasnat ficou em Stratford durante a noite, dirigindo de volta para Londres no dia seguinte, em seu Vauxhall Astra vermelho.

Algumas semanas mais tarde, no início de agosto, o feriado acabou e Nanny Appa e Mumraiz deveriam voltar para Lahore. Antes de partirem Diana convidou a família para o chá da tarde no palácio de Kensington.

Eles estavam atrasados. Omar e Jane já tinham carregado o carro com as malas de Nanny Appa e Mumraiz e estavam prontos para levá-los para o aeroporto de Heathrow para embarcarem de volta para casa assim que terminassem o chá. Mas o congestionamento fez a viagem de Stratford para Londres levar mais tempo do que o planejado, e eles chegaram tarde ao palácio. Tendo que passar pelas formalidades no portão, Diana já estava na porta, esperando ansiosamente.

Ela os levou pelos corredores e escadarias do palácio até chegar ao seu "pequeno salão", onde deveriam tomar o chá.

Mumraiz ficou impressionado com a quantidade de fotos de William e Harry. Parecia que as paredes da sala estavam cobertas de cima a baixo por fotos, não havia quase nenhum espaço sobrando. Era uma indicação do seu amor e do seu apego aos filhos.

Appa se lembra de pensar que a sala de estar onde eles estavam era "aconchegante" e que a personalidade de Diana estava refletida em tudo ao seu redor. Naquele cômodo ela sentia que "tudo havia sido bem feito", mas a sua impressão geral do palácio de Kensington foi que "era um lugar muito grande para Diana sozinha. Era muito bonito, mas muito solitário".

Diana fez algumas apresentações. Em primeiro lugar ela apresentou a família a um bengali que era o cozinheiro do palácio de Diana. Appa estava ansiosa para saber se o homem falava urdu, mas descobriu que ele não falava.

O chá da tarde chegou em um carrinho cheio de sanduíches e bolos. Diana estava muito nervosa, sentada na beira da cadeira, querendo que tudo desse certo, consciente de que receber amigos não era exatamente seu ponto forte. Por um momento, parecia que um desastre culinário estava prestes a acontecer enquanto Nanny Appa, com uma expressão confusa no rosto, levantou os cantos de vários dos sanduíches. Diana se perguntava o que estava acontecendo e pediu a Jane para traduzir. Parecia que Appa estava preocupada com a possibilidade de haver presunto nos sanduíches, e com a sua dificuldade de audição levou algum tempo para convencê-la de que eram feitos de salmão! Mas, logo após o potencial desastre ser evitado, todos riram muito.

O assunto se voltou para Hasnat. Ele havia sido convidado para o chá, mas não tinha aparecido. Eles foram informados de que ele havia ficado preso na sala de operações, o que não era incomum para um médico.

Jane e Diana estavam tirando sarro da família Khan dizendo que eles sempre se atrasavam, ou simplesmente não apareciam. A família admitiu que os atrasos eram um traço típico dos Pathan, geralmente eles não eram muito pontuais e sempre são muito descontraídos.

Diana falou sobre Hasnat: "Ele nunca cumpre os horários, e é muito avesso a compromissos".

Os bolos foram servidos e, em seguida, Diana deu à Appa um presente. Mais uma vez o nervosismo era evidente enquanto Diana observava a matriarca dos Khan desenrolando o papel de embrulho; ela não queria fazer nada para ofender sua convidada de honra.

Mumraiz estava gravando o evento na câmera de vídeo caseira da família e, pela primeira vez, Diana estava curtindo a oportunidade de estar na TV. Ela até fez uma piada, dizendo: "Devemos convidar a Senhora Bhutto para uma exibição especial!".

Abrindo a caixa, Appa descobriu uma tigela de prata, ao som de "ooh" e "aah" por parte da família. Appa olhou em silêncio, sem palavras. "Eu retirei", ela recorda, "era feita de prata pura. Muito pesada. Essa tigela sempre vai ser muito especial, Diana a procurou e foi embalada por ela mesma". Hoje, a tigela de prata é mantida em segurança na casa dos Khan, na Model Town, em Lahore.

Em 28 de agosto de 1996, logo que o divórcio foi finalizado, o relacionamento com Hasnat atingiu um novo patamar. Diana já tinha dito aos seus amigos íntimos os planos de se casar novamente, uma vez que ela estava livre da Casa de Windsor.

Diana estava se tornando mais independente e mais paciente como resultado de seu relacionamento com Hasnat. Em uma visita a sua amiga Lady Elsa Bowker, Diana disse que ela "não era mais solitária" e que tinha "encontrado a paz". Hasnat deu a Diana uma fotografia dele mesmo como presente de Natal, e ela a mantinha em sua cabeceira. No final de 1996, havia uma imagem da avó de Hasnat, Appa, ao lado da cama também. Estas duas fotos ficavam junto das fotos de seus filhos e de sua própria família. Diana também pediu à Appa uma fotografia sua junto com Hasnat, dizendo que iria mantê-la sempre com ela.

A princesa falou para Simone Simmons sobre como queria se tornar a "Sra. Khan", e admitiu que gostaria de ter filhos com Khan e do sonho de viver em uma bela casinha em algum lugar. Diana arranjou um encontro de Hasnat com seus dois filhos para que ela pudesse saber o que eles pensavam dele. "Ela me disse que falou com as crianças sobre essa relação especial", diz Roberto Devorik. "O príncipe William disse: "Mamãe, você tem que fazer o que a fizer feliz". Diana disse à amiga Simone Simmons que Hasnat estava inquieto por ter sido apresentado a William e Harry, e Diana admitiu que não sabia ao certo se ele estava pronto para se tornar padrasto de dois adolescentes confiantes.

Ela tentou convencer Hasnat a se mudar para o palácio de Kensington, oferecendo-lhe o uso da suíte de Charles, de modo que ele poderia até mesmo ter um escritório lá. Khan não achou que seria uma boa ideia, porque a relação teria que se tornar pública. E essa era a última coisa que ele queria.

Diana visitando o hospital Royal Brompton, em Chelsea.

Hasnat Khan deixando o hospital Northwick Park, carregando um equipamento cardíaco.

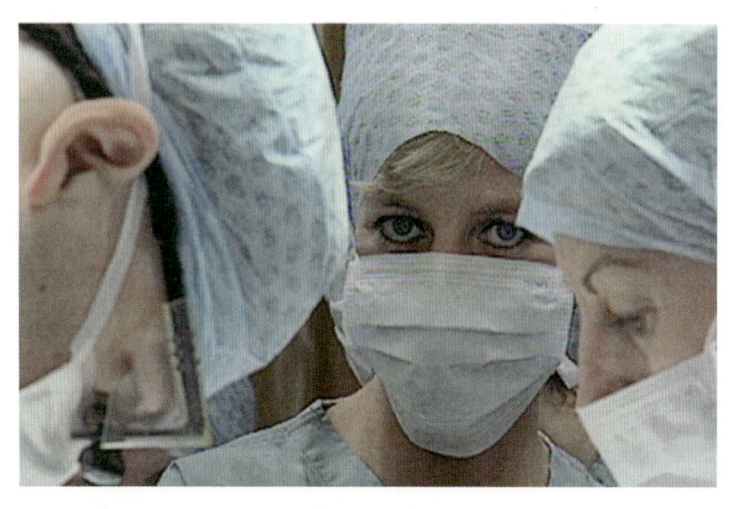

Assistindo a uma operação cardíaca.

Uma recordação querida de um dia feliz.

Nanny Appa reflete com tristeza sobre os muitos cartões e cartas que ela e Diana trocaram.

"Alguém quer chá?", Diana serve sanduíches no palácio de Kensington.

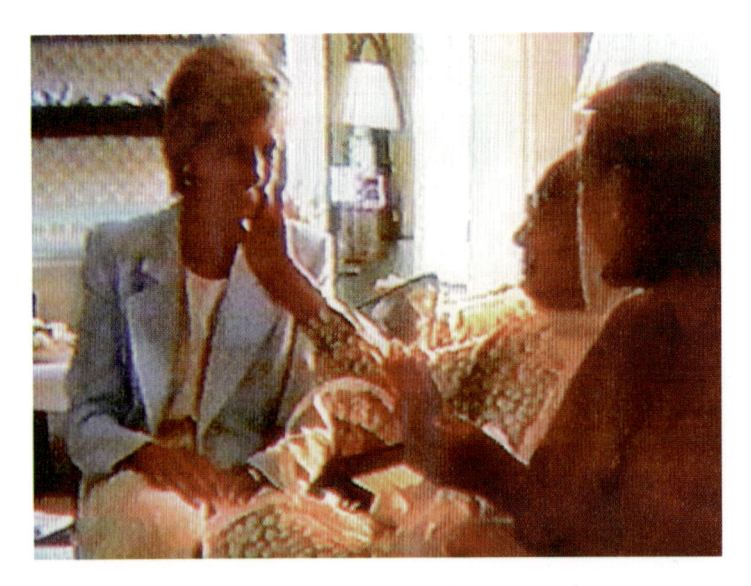

Um momento de prazer juvenil enquanto Nanny Appa abre o presente de Diana, uma tigela de prata.

Hasnat mais jovem, com seu primo Mumraiz.

Diana pede a Appa uma foto dela com Hasnat, dizendo que sempre a manteria com ela.

A casa na Model Town onde Diana conheceu os pais de Hasnat.

A vida cotidiana na Antiga Lahore.

Banho de sol com Dodi na costa da Córsega. Diana sente que está sendo fotografada, mas não está preocupada.

A famosa foto do "beijo", que todos pensavam ser uma imagem furtiva, mas que a própria Diana tinha combinado.

Durante o último cruzeiro, tanto Diana quanto Dodi estavam cientes de que as fotos estavam sendo tiradas.

Diana a bordo do *Jonikal*, telefonando para seus amigos.

Desfilando a antiga imagem — Diana na galeria Tate, em Londres, dois meses antes de sua morte.

Uma mulher mais forte e mais confiante caminha sobre os campos minados em Angola.

Hasnat Khan, arrasado no funeral de Diana.

16

NÓS ESTAMOS RINDO MUITO DISSO TUDO

Diana, sem dúvida, tinha um relacionamento de amor e ódio com a mídia, e os meios de comunicação, por sua vez, tinham um fascínio obsessivo por ela.

A relação possuía uma estranha semelhança com os personagens de desenho Tom e Jerry, num dia se amam e no outro estão fazendo o possível para se esconder ou planejando se atacar.

Roberto Devorik descreve uma ocasião em que eles estavam em Roma juntos e Diana queria ver a Fonte de Trevi. A imprensa logo estava em seu encalço. "A quantidade de pequenas motos Vespa nos seguindo era incrível, eles eram como abelhas, e o que faziam era realmente desagradável". Eles batiam nas janelas do carro com a parte traseira da câmera e o som era como se alguém estivesse atirando. Se você abrisse a janela para ver o que estava acontecendo, em seguida, a fotografia seria tirada. Obviamente, Diana conhecia o velho truque, e disse: "Isso é o que eles estão esperando que você faça, não faça Roberto, não faça isso", e eu disse, "O que você quer dizer?", ela disse, "Eles querem que a gente abra a janela para tirar uma foto".

Diana costumava falar com seus amigos sobre os "abutres", os predadores que a atacavam querendo arrancar-lhe pedaço por pedaço. Ela sempre disse que achava a imprensa muito invasiva. Ela gostava de sua privacidade, mas raramente conseguia alguma.

No momento em que ela deixava o palácio, era seguida por uma torrente de motos e carros. Se quisesse dar um passeio nos jardins do palácio que não fosse no romper da aurora, ela sabia que seria perseguida por uma multidão deles, mesmo a pé. Onde quer que fosse, eles estariam esperando: do lado de fora da academia, das casas e consultórios de seus terapeutas, ou das casas dos amigos mais próximos; por fim, ela se tornou muito mais reservada do que o estritamente necessário.

Tudo o que ela queria era a normalidade e uma sensação de equilíbrio. Mas não houve um momento "normal" na vida de Diana. A imprensa só aumentava sua sensação de isolamento. Toda a diversão de ir ver a Fonte de Trevi, ou simplesmente sair para fazer compras, algo que qualquer um considera normal, acabava completamente quando ela estava sendo perseguida na rua, ou tendo lentes enfiadas em seu rosto.

O isolamento físico de Diana foi inteiramente causado por sua fama, mas isso criou um tipo bizarro e estranhamente contraditório de solidão em que ela vivia constantemente cercada por milhares de fotógrafos e, na verdade, se sentia totalmente sozinha.

Simone Simmons se lembra de Diana telefonando da Itália, de um de seus celulares. Diana soltou: "Você já viu a revista *hello* esta semana?", "Não", disse Simmons. "Compre uma", Diana pediu.

Simmons desceu correndo as escadas de seu prédio, comprou a revista e ligou para a Itália. "Você entende o que eu quero dizer?", perguntou Diana, "É como se fosse um jogo, 'onde está Diana?' Eu e dois mil fotógrafos, foi um pesadelo!". Tudo o que podia ser visto na foto era uma pequena cabeça rodeada por milhares de pessoas, uma ilustração gráfica para Diana da contradição de sua posição solitária.

No entanto, havia muitas situações em que Diana realmente precisava da imprensa, inconscientemente no início, mas depois também em um nível consciente.

Inconscientemente, sua insegurança exigia a presença da imprensa, dos fotógrafos, não importando o quão indesejáveis eles poderiam ser, porque eles reforçavam a sua identidade. Em sua solidão, eles eram praticamente a única presença constante em que ela podia confiar.

Mark Saunders, um *paparazzo* cuja especialidade é fotografar a realeza, recorda como Diana, ocasionalmente, caminhava até ele e seu colega Glen Harvey para um bate-papo, só porque ela precisava conversar com alguém.

No nível consciente, uma década depois da primeira vez que foi empurrada para o olhar impiedoso do público, Diana, como muitas celebridades, tornou-se extremamente hábil em manipular a imprensa para seus próprios fins, inicialmente influenciando o que era escrito e, posteriormente orquestrando as imagens, muitas vezes sem que os fotógrafos estivessem conscientes disso.

Ela descobriu o dom de controlar as manchetes dos jornais. Normalmente, ela iria fazer isso oferecendo a repórteres "amigos" histórias que ela queria que fossem colocadas nos jornais. Eles sempre teriam que conter as palavras, "Uma fonte próxima à princesa disse", quando na realidade a fonte era frequentemente a própria Diana.

Por outro lado, Hasnat Khan ficava extremamente desconfortável com a imprensa, quase patologicamente. "Ele é um homem extremamente reservado, que nunca gostou e nunca vai gostar de estar no centro das atenções", diz sua tia Maryam.

Sua família diz que em qualquer relacionamento, mesmo que seja com seus próprios amigos, a sua ideia de nirvana é ter uma noite tranquila, ele é realmente um solitário.

Membros de sua família lembram como certos fotojornalistas literalmente se sentavam durante dias a fio do lado de fora do apartamento de Khan, em Chelsea, tentando tirar uma foto dele. Eles telefonavam constantemente para o seu apartamento, o entupiam com letras, e até mesmo esperavam por ele no hospital. Como uma pessoa tímida, que é totalmente dedicada à sua vocação profissional, tal atenção se tornou insuportável para Khan e ele, definitivamente, não queria ter nada a ver com isso.

Vizinhos de Hasnat em Chelsea se mobilizavam e faziam o que podiam tentando protegê-lo. Uma senhora idosa que vivia em um dos apartamentos abaixo de Khan uma vez abriu a janela e jogou água sobre a cabeça de um dos jornalistas do *Fleet Street*, enquanto eles estavam tentando tirar uma foto dele.

Essa era uma reação excepcionalmente negativa de alguém perto de Diana. Nos outros relacionamentos que a princesa teve, o glamour de estar com uma das mulheres mais bonitas do mundo, vestida pelos melhores estilistas, que conhecia os principais líderes mundiais, e comparecia às maiores cerimônias, tendia a tornar orgulhoso o homem ao lado dela. Hasnat ficava muito desconfortável com toda esta fama, e devia querer que ela simplesmente fosse a "garota da porta ao lado". É um clichê, mas realmente parece ser verdadeiro, pois pela primeira vez alguém tinha se apaixonado apenas por ela e não pela pompa.

Assim, enquanto no passado a sua notoriedade era uma das principais razões para os homens quererem conhecê-la, com Hasnat era exatamente o contrário. "Pela primeira vez o público e a 'figura de poder' não funcionaram como ela gostaria que funcionassem, na verdade estavam funcionando contra ela", diz Devorik.

Tentando combater a crescente inquietação de Hasnat Khan com a imprensa, Diana começou a planejar formas mais radicais de escapar dos holofotes. Ela começou a considerar seriamente a possibilidade de os dois deixarem a Grã-Bretanha e viverem juntos em outro país, longe da imprensa britânica.

Com esta finalidade, ela escreveu ao veterano cirurgião cardíaco Christian Barnard, na África do Sul, visitou a principal clínica cardíaca da Austrália, onde Hasnat Khan tinha trabalhado no final dos anos 1980, com Victor Chang, e ainda vasculhou os Estados Unidos, procurando possíveis rotas de fuga.

Sua busca por um lar estrangeiro, onde os dois pudessem viver juntos e Hasnat continuasse seu trabalho, começou em 13 de outubro de 1996. Este foi o dia em que Diana voou para o norte da estância italiana de Rimini, onde ela deveria participar do congresso anual do Pio Manzù Centre, um grupo de reflexão internacional liderado pelo ex-presidente soviético Mikhail Gorbachev.

A assembleia contou com a participação de 350 acadêmicos, empresários e especialistas, e seu tema central foi a saúde. Diana deveria ser uma das várias pessoas que seriam homenageadas na cerimônia anual de premiação do centro, em reconhecimento por seu trabalho em hospitais.

Quando pousou, a princesa foi cercada por cinegrafistas e repórteres, apesar dos melhores esforços combinados das autoridades italianas. As ruas tinham sido interditadas, um helicóptero pairava no ar, mas mesmo o exército de funcionários italianos não conseguiu evitar o caos que se seguiu no hall de entrada do Grande Hotel.

No dia da abertura do congresso, Diana fez um discurso sobre o tópico "O desafio do envelhecimento da população". Seu tema principal foi o de que a velhice não deveria ser vista como uma doença. Sentado ao lado de Diana, naquele dia, estava outro homenageado, o professor Christian Barnard, de 73 anos de idade.

O professor sul-africano foi pioneiro em transplantes de coração no final dos anos 1960 e estava usando a plataforma de Rimini para fazer um apelo para uma melhor prevenção e por um melhor tratamento da doença. Barnard contou aos delegados sobre um menino negro que ele tinha operado há vários anos, cujas primeiras palavras ao acordar teriam sido para pedir um pedaço de pão. Com lágrimas nos olhos, ele disse que o pedaço de pão veio tarde demais e o menino morreu segurando o pedaço de pão na mão. Diana, claramente tocada pelo discurso, inclinou-se e deu um tapinha no ombro dele quando o professor se sentou.

À noite, os dois ficaram lado a lado durante o jantar e Diana falou ao cirurgião cardíaco sobre Hasnat Khan. Ela perguntou a Barnard se ele poderia ajudar Khan a encontrar uma posição na África do Sul. Era uma escolha óbvia de lugar para viver já que seu irmão Charles havia escolhido Cape Town como seu lar. Diana revelou a Barnard que ela queria se casar com Khan e ter um par de meninas. Barnard se recorda mais tarde que ele não tinha a menor dúvida de que Diana estava muito apaixonada por Khan e que ela teria se casado com ele se ele houvesse concordado.[7]

Diana tinha deixado claro para o cirurgião que ela estava falando sério sobre querer se afastar de Londres com Hasnat Khan e, em seu retorno, ela telefonou, mandou fax e escreveu para Barnard sobre as oportunidades de trabalho para ele. Barnard foi posteriormente convidado para jantar no palácio de Kensington duas vezes para conversar ainda mais com a princesa. Diana era uma mestra em planejamento, em parte como uma resposta à sua insegurança e sua necessidade de se sentir no controle de qualquer situação. O problema foi que ela não informou Hasnat Khan sobre os planos que estava fazendo para ele com Barnard e isso fatalmente causaria aborrecimento.

Quase casualmente, Diana contou a Khan que o professor Barnard estava na cidade e que ele deveria se encontrar com ele. Os dois de fato se encontraram no hotel Grosvenor House, em Londres, quando Barnard pediu para Khan o seu currículo. Com a impressão de que fosse referente às possibilidades de emprego *depois* que ele terminasse o seu PhD, Khan enviou o currículo ao professor.

No encontro, Khan revelou ao professor que não conseguia lidar com a exposição de viver com Diana. Barnard disse que ele próprio tinha que conviver com a publicidade desde seus primeiros transplantes. Mas ele respondeu que havia uma clara diferença entre uma coisa e outra. Sua exposi-

---

[7] *South African Sunday Times*, 22 de novembro de 1998.

ção era por seu trabalho enquanto a de Hasnat era por causa da mulher que amava, e ele teria que conviver com isso![8]

Depois desse encontro no hotel Grosvenor, uma oportunidade de trabalho surgiu em um hospital nos Estados Unidos. Khan foi informado da oferta e, como a própria Diana descreveu para seus amigos, "ficou uma fera". Ele queria terminar o seu PhD sob a orientação do professor Yacoub e não estava nem um pouco interessado em se mudar. O fato de Diana estar fazendo planos pelas suas costas tinha sido descoberto, e ele ficou furioso.

Um outro lugar aventado por Diana, em que eles poderiam viver juntos era Sydney, na Austrália.

Hasnat passou momentos felizes lá durante o tempo em que trabalhou com Victor Chang, no final dos anos 1980 e início dos anos 1990. Em 31 de outubro de 1996, Diana partiu para Sydney em uma visita de quatro dias. Dois anos antes, em 15 de fevereiro de 1994, o Instituto Victor Chang foi aberto em memória do cirurgião assassinado, e em 1 de novembro de 1996, Diana inaugurou oficialmente as novas instalações no edifício do Instituto Garvan de Pesquisa Médica, na Rua Victoria. Sua visita angariou um milhão de dólares australianos para o centro cardíaco.

Entusiasmada como ela estava em apoiar a única coisa boa que tinha surgido da morte prematura de Chang, Diana contou aos amigos que ela tinha outro propósito em visitar Sydney. Ela estava usando a viagem para mostrar a Hasnat como a fama poderia ser utilizada para as causas que ele mais prezava. Enquanto esteve em Sydney ela aproveitou a oportunidade para encontrar um médico, um velho amigo de Hasnat, que estava trabalhando no instituto. Ela havia perdido as primeiras três décadas e meia da vida de Hasnat Khan, e queria compensar rapidamente o tempo perdido.

A essa altura, as conexões de Diana com as matérias médicas estavam parecendo uma coincidência grande demais para os farejadores da imprensa britânica. Sua visita ao desconhecido instituto Victor Chang começou a levantar suspeitas sobre seus reais motivos, e, finalmente, foi o indício que faltava para a destruição total de seu segredo.

No dia 3 de novembro de 1996, o jornal *Sunday Mirror* anunciou em manchetes ousadas que havia uma conexão entre as suas visitas ao hospital à meia-noite, a sua participação em operações cardíacas e sua atual viagem para a Austrália. O que justificava tudo era a paixão por Hasnat Khan.

---

[8] *South African Sunday Times*, 22 de novembro de 1998.

O segredo que ela tinha tentado manter a todo custo parecia agora inevitavelmente exposto. Com medo de que essa revelação fosse afastar Hasnat, Diana decidiu assumir o controle com as próprias mãos, e se voltou para as suas experientes técnicas de como tirar a imprensa do rastro.

O correspondente do *Daily Mail*, Richard Kay, era um amigo de confiança de longa data e aliado da princesa. Kay era um dos integrantes da imprensa que a estava seguindo na viagem a Sydney e ela o procurou com um artigo designado para contra-atacar o repórter do *Sunday Mirror*. Nesse artigo, ela refutava a história do caso com o doutor.

No dia seguinte, 4 de novembro, o artigo do *Daily Mail* apareceu, descrevendo o relatório do *Sunday Mirror* que afirmava que ela era apaixonada pelo médico como "besteira". O artigo afirma: "Ela está profundamente chateada com as acusações por causa do 'sofrimento de William e Harry'". No entanto, ela disse a amigos: "Esse artigo já me fez rir muito. Na verdade, nós estamos rindo muito disso tudo".

Diana zombou das alegações de que ela queria se casar com o cirurgião cardíaco e ter filhos, e Victoria Mendham foi citada dizendo que a princesa achava que a história era hilária e que todos estavam se divertindo com os comentários que a matéria provocou no café da manhã.

Mas quando Khan ouviu sobre o artigo, ele se sentiu ferido e insultado. O artigo quase fez com que a relação acabasse imediatamente e a princípio ele se recusou a vê-la. Diana protestou, dizendo que ela tinha feito isso por amor a ele, a fim de protegê-lo, mas ele disse que achava melhor eles não se encontrarem.

Durante três semanas eles não trocaram nem uma palavra, apesar das tentativas por parte de Diana.

De acordo com Simmons, ela fez de tudo para impedir que Diana literalmente vasculhasse as ruas procurando por ele.

Finalmente, Hasnat Khan voltou a procurá-la, mas agora parecia haver um novo componente, a incerteza sobre os rumos que sua vida poderia tomar ao ser afetada pela imprensa, incerteza essa que se alojou no cérebro de Khan e se recusava a ir embora após o incidente de Sydney.

Determinada a não deixar que o erro acontecesse novamente, Diana tentou uma nova tática. Ela se propôs a tentar entender melhor Hasnat Khan buscando compreender mais as suas diferenças culturais. Ela possuía pelo menos dois exemplares do Alcorão: um dado a ela por Imam, durante sua primeira visita ao Paquistão em 1991, e outro dado a ela pelo garoto na casa Monnoo, em 1996. Ela passou a ler o Alcorão todas as noites. Lady Elsa Bowker diz que Diana teria se convertido ao islamismo, se ficasse evidente que a religião era um obstáculo para a família de Hasnat, que a impedisse de se casar com Khan.

Para superar a deficiência de comunicação entre eles, ela pediu ajuda a Martin Bashir, do programa *Panorama*. Diana continuava mantendo contato com Bashir e agora ela lhe pedia para intervir em seu relacionamento conturbado com Hasnat. Ela disse a amigos que achava que Bashir seria mais capaz de interpretar as dificuldades de um ponto de vista asiático, em oposição à sua própria maneira europeia. Bashir também era alguém que ela acreditava fazer parte de sua corte particular, o que significava, portanto, uma maneira de manter um tipo de controle.

Então, Bashir encontrou Hasnat a pedido de Diana em várias ocasiões. Os dois passavam noites juntos nos bares. Mas as coisas não seguiram o caminho que Diana havia previsto. De acordo com uma descrição que ela deu a um grande amigo, os dois estavam gostando demais de suas confraternizações e, ao final das noitadas, Diana recebia um telefonema de Hasnat dizendo que ia direto para casa, para dormir. Diana não sabia se isso era verdade ou não, mas ela ficou furiosa com a forma como as coisas foram se desviando!

Percebendo que isso não estava realmente ajudando sua própria agenda, ela se voltou para seu mordomo de confiança, Paul Burrell, dizendo que precisava de um favor especial.

Burrell nunca havia se sentado na presença de Diana porque não se sentia à vontade enquanto estivesse trabalhando e não queria começar agora. Mesmo quando a princesa acendeu um incenso e uma névoa grossa de fumaça perfumada flutuou para o teto, ele preferiu se agachar, apoiando-se nos joelhos em vez de se sentar para evitar a fumaça.

Uma tarde, enquanto o chá estava sendo servido no palácio de Kensington e Diana estava sentada no chão com Simone Simmons, ela começou a abordar o assunto com Paul, que estava obedientemente em pé ao lado dela. Ela começou delicadamente, questionando se ao chegar para o trabalho, às sete da manhã, ele percebia que ela não tinha dormido nada e tinha uma aparência cansada.

Burrell respondeu dizendo que ela sempre parecia fresca como uma margarida. Diana insistiu: "Você já percebeu isso ou não? Diga-me a verdade". O mordomo respondeu dizendo que, para ele, parecia que ela tinha passado uma noite de sono inquieto em vez de um sono relaxante. Diana, em seguida, lançou o tema em questão: "Eu vou te contar um segredo, e você tem que fazer uma promessa de não falar a ninguém". Simmons diz que ela contou a Burrell sobre o seu relacionamento com Hasnat Khan e, assim, transformou Burrell em um intermediário. Tanto ele como Bashir haviam jurado segredo.

Embora os encontros de Burrell com Khan também ocorressem em um pub, ele aparentemente preferia tomar refrigerante de laranja enquanto agia em nome de Diana. Ele e Khan logo se tornaram amigos.

Em momentos como esse, em que Diana e Hasnat não estavam se falando, as antigas inseguranças de Diana vinham à tona. Seu comportamento se tornava instável, irracional e descontrolado. Na tentativa de chegar até Hasnat ela iria bombardear a central telefônica do hospital com cerca de vinte ligações por dia, usando pseudônimos como 'Doutor Armani' e 'Doutora Valentina', os nomes dos estilistas que pegava direto das etiquetas de suas roupas. De acordo com Simone Simmons, Diana tentou todos os truques. Ela telefonou para o hospital usando sotaques diferentes. Às vezes, ela usava um sotaque de Liverpool copiado de uma de suas novelas favoritas, *Brookside*, às vezes, ela usava um sotaque americano falso. Uma vez ela até deixou uma mensagem dizendo que era uma paciente doente e pedindo para Khan retornar a ligação com urgência.

Sem conseguir alcançar Hasnat por telefone, ela tentava arquitetar algumas situações para encontrá-lo, como se programar para ir ao hospital visitar os pacientes. Mas não parava por aí. Tal como acontecia com Oliver Hoare, seu comportamento poderia assumir as qualidades obsessivas de um caçador. Nesse estado de espírito, ela se mostrava capaz de fazer com os outros o que ela mais detestava que fosse feito com ela.

Sentada em seu carro, ela vigiava a porta da frente de Hasnat, monitorando suas idas e vindas, desesperada para vislumbrar até mesmo o menor movimento. Às vezes, ela saía para caminhar ao redor de Knightsbridge no meio da noite, sem conseguir dormir e sem saber como lidar com sua ansiedade.

Ela estava obcecada por Hasnat, considerando ele o homem perfeito para ela, mas racionalmente ela admitia para si mesma que havia coisas em Hasnat que a decepcionavam, e algumas dessas ela compartilhava com os amigos. Ela disse que emocionalmente ele parecia ser muito "fechado", não expressava seus sentimentos em relação a ela, e era "bastante retraído". Por outro lado, Khan, depois de um dia estressante no hospital, só queria colocar os pés para cima e relaxar. Ele admitiu para um parente próximo que, às vezes, achava Diana carente demais.

Esse comportamento, embora bastante natural para ele, só servia para aumentar o medo e a paranoia de Diana. Se Hasnat telefonasse para seus parentes no Paquistão de dentro do palácio de Kensington, Diana, às vezes, começava a bater nas teclas do piano, ou colocava uma música no mais alto volume apenas para chamar a atenção dele, para que pudesse notá-la.

Durante esse período de três semanas de frustração e obsessão, a princesa, mais uma vez, usou a amizade de Simone Simmons. Simone perdeu as contas de quantas vezes Diana ligou em pânico, pedindo que ela fosse até o palácio. "Ela estava se desmanchando em lágrimas no telefone, e eu dizia, 'Olhe, eu vou até aí e nós conversamos sobre tudo'". Diana respondia que eu não podia ir porque ela tinha chorado muito e estava com uma aparência terrível, ao que eu respondi que todas as pessoas ficam com uma aparência terrível quando choram. E, então, depois de 45 minutos de conversa por telefone, Diana se rendeu e disse, 'OK venha'. Então, eu fui até lá e vi que realmente seus olhos estavam extremamente inchados e o nariz estava muito vermelho. Nós sentamos e conversamos sobre os problemas no relacionamento. Diana preparou um suco de cenoura, e eu tomei uma xícara de chá. Ela estava preocupada porque não recebia notícias de Hasnat. Eu disse: "Olha, ele tem trabalho a fazer, é um cirurgião cardíaco, quando está fazendo um transplante não existe nenhuma chance dele largar tudo para falar com você". Ela tentava compreender que ele era um homem atarefado e que quando não estava trabalhando, estava estudando.

Em seu relacionamento com Khan, ela estava exibindo muitos traços comportamentais evidentes em seus outros relacionamentos. Telefonava incessantemente. Tentava se envolver na sua carreira o máximo possível, comparecendo às operações cardíacas. E estava fazendo sua lição de casa, procurando se adaptar à sua cultura, lendo o Alcorão e vestindo roupas paquistanesas. Depois de demonstrar o seu gosto pelo *shalwar kameez* ela tinha várias dessas roupas feitas sob medida em seu guarda-roupa. Tal como acontecia nos outros relacionamentos, ela também estava usando intermediários que acreditava que pudesse controlar quando as coisas ameaçavam não acontecer do jeito que ela queria.

No entanto, ocorreram algumas mudanças positivas no comportamento de Diana durante esse período. As lacerações infligidas a si mesma em momentos de grande estresse emocional no passado não estavam acontecendo mais e muitos de seus amigos perceberam que ela estava gradualmente se transformando em uma pessoa mais forte, uma pessoa mais confiante.

Talvez, a principal diferença fosse que, desta vez, ela estava começando a ser capaz de diferenciar sua vida pessoal da sua vida profissional. Ao ganhar mais confiança emocional e mental, ela foi capaz de canalizar as energias em seu trabalho, com uma consciência independente, que não era atingida por seus problemas pessoais e, finalmente, pôde fazer algo para si mesma.

O maior legado de Diana, a campanha das minas terrestres, era a prova de sua força recém-descoberta. Estava destinado a se transformar em outro divisor de águas.

17

Eu não vou usar isso nem morta!

....

"Você vê aquela pequena estrela logo ali, adivinha o que é", Simone Simmons falou para Diana. 'Eu não sei', respondeu a princesa. 'Isso é uma mina terrestre', anunciou Simmons. Durante o verão de 1996, a terapeuta passou dez dias na Bósnia, ficando com um funcionário da Cruz Vermelha, em Tuzla. Quando voltou, ela levou as fotos na visita ao palácio de Kensington para mostrar à Diana.

As fotos ilustravam graficamente o pós-guerra civil da vida na Bósnia. Uma foto mostrava duas crianças de mãos dadas caminhando em torno do que claramente ainda parecia uma zona de guerra, e havia uma fotografia de uma mina terrestre que havia sido plantada na estrada. "As pessoas não têm comida suficiente lá. Elas não podem simplesmente caminhar até uma loja porque não existe nenhuma", Simmons contou para a princesa. "Então como as pessoas comem?", Diana perguntou. "Eles dependem do que podem pegar com as próprias mãos: coelhos, frangos, peixes ou qualquer outra coisa".

A maneira como as pessoas ainda estavam claramente sofrendo, estampada nas fotos, chamou a atenção de Diana. Ela olhou para Simmons com uma expressão séria no rosto e disse: 'Você acha que eu poderia fazer a diferença?' Simmons respondeu: 'Bem, se você não pode, então ninguém pode!' Foi o início de um processo que iria colocá-la diante de seu maior desafio até agora, e muitos diriam que, em última análise, seria sua maior conquista individual.

Diana não tinha ouvido falar sobre as minas terrestres somente através de Simone. Mike Whitlam, na época diretor-geral da Cruz Vermelha, chegou a enviar um pacote com textos e vídeos sobre o assunto para o palácio de Kensington. Ele estava procurando uma maneira de levar a campanha das minas terrestres para as manchetes após o seu lançamento inicial. Foi Whitlam também quem pediu ao cineasta Richard Attenborough para convencer a princesa a ser a convidada de honra da première de seu novo filme, *In Love and War*, produzido para arrecadar dinheiro para o apelo das minas terrestres da Cruz Vermelha Britânica.

Enquanto folheava os panfetos de Whitlam, Diana leu que a área com maior concentração de minas terrestres ficava no Camboja e, movida por um sentimento de indignação e pelo sentimento de uma missão a ser cumprida, Diana decidiu que queria ir até lá. Mas era algo mais difícil de organizar do que ela tinha imaginado no início e, por fim, ela foi impedida de fazer a viagem porque o Ministério das Relações Exteriores disse que sua presença no Camboja poderia perturbar as delicadas negociações que estavam em curso por mais um refém britânico que estava nas mãos das forças rebeldes no Camboja. Por isso, Diana mudou seu foco para Angola, onde as estatísticas sombrias sugeriam que havia uma mina terrestre para cada um de seus doze milhões de habitantes.

Diana anunciou sua viagem a Angola sob os auspícios da Cruz Vermelha. Era o início do que viria a se tornar uma bem-sucedida campanha pública para Diana, que iria proporcionar a ela o foco mais sólido da sua vida pública desde que ela deixou a família real.

A viagem de quatro dias foi planejada para o meio de janeiro e antes de partir ela discutiu com Simmons sobre quais roupas deveria levar para Angola. Simone a aconselhou dizendo que se ela quisesse causar impacto, então deveria se vestir apropriadamente, porque o que ela estava querendo destacar não era ela mesma, mas o que as vítimas de minas terrestres estavam passando. Seguindo o conselho, Diana deixou suas roupas de grife em casa, e levou somente jeans e camisetas. Apenas em uma ocasião ela usou um antigo vestido, no jantar do governador.

As vítimas das minas terrestres afetaram profundamente Diana, ela estava realmente chateada com tudo o que viu e, de acordo com Simone, ela se desmanchava em lágrimas todas as noites. Diana telefonou para sua amiga pelo menos uma vez por dia, sem falhar. As conversas começavam com, 'Angola chamando Hendon, responda Hendon!'

Diana falou sobre os horrores que tinha visto e o quanto eles a tinham perturbado. Descreveu como, em 14 de janeiro, ela conheceu uma garota de treze anos de idade, Sandra Tigica, durante uma visita a um hospital. Sandra estava caminhando para casa, para a fazenda de seus pais, quando um avião lançou uma bomba que arrancou uma de suas pernas. Ela estava esperando por uma prótese desde então. Ao longo da sua conversa de dez minutos, durante a qual o coto de Sandra estava sendo medido para a adaptação de um membro artificial, Diana acariciou o braço da jovem assustada e depois a abraçou. Ela contou a Simone que para conseguir parar de chorar teve que morder o canto da boca.

Ela também falou de sua famigerada caminhada através de um campo minado angolano, em 15 de janeiro. A visita de Diana havia gerado uma enorme polêmica em casa, em Londres, especialmente por causa de sua declaração de que estava "satisfeita em ajudar a Cruz Vermelha em sua campanha para banir de uma vez por todas as minas terrestres". O sentimento contrariava a política do governo britânico na época. O noticiário da televisão e do rádio estava saturado da história, assim como os jornais, e Diana estava sendo descrita como "um canhão descontrolado". Mas isso só serviu para tornar a princesa mais determinada, e ela revidou com uma mensagem de grande repercussão. Ela ofereceu uma oportunidade fotográfica dramática, não subversivamente como tinha feito no passado, mas em primeiro plano, em destaque.

Ela decidiu atravessar o campo minado na frente das câmeras do mundo, enquanto protestava dizendo que ela era uma figura humanitária e que só estava tentando ajudar. O que o mundo não viu foi o pavor dela. Embora estivesse usando um protetor de rosto e uma jaqueta, mais tarde ela contou a Simmons que a caminhada foi aterrorizante.

A campanha das minas terrestres foi um catalisador para que Diana fosse até lá e fizesse alguma coisa, fizesse a diferença. O colunista do *Daily Telegraph*, Lorde Deedes, chamou a viagem a Angola de um divisor de águas, embora na verdade fosse provavelmente apenas o primeiro sinal público de um divisor de águas pessoal.

A visita representava uma iniciativa verdadeira de Diana, além disso, sua aparência estava muito mais casual — ela não precisava mais estar "vestida para a realeza" — a campanha representava o apogeu do que Diana havia alcançado internamente. Foi uma prova de seu próprio crescimento interno.

A percepção de que ela poderia influenciar as agendas políticas deu a Diana um enorme desprendimento, uma explosão de liberdade. Ela sentiu que estava realmente descobrindo a sua verdadeira vocação e sua missão na vida, que ela havia encontrado um meio de promover a sua autoestima e aumentar a sua confiança independentemente de outra pessoa. Diana se sentia mais poderosa, ela conseguia agora perceber que possuía os meios para colocar as coisas em movimento, que ela tinha os recursos necessários para reivindicar algo que, em sua opinião, era "o certo" para a consciência pública.

Embora ainda estivesse apaixonada por Hasnat Khan, durante esse período ela estava realmente muito mais segura como ser humano, suas inseguranças emocionais não estavam mais ditando como as coisas aconteceriam na sua vida profissional e seu crescimento pessoal não estava mais na dependência da percepção de estar ou não sendo amada.

Ela estava mais satisfeita com a vida em geral e, como resultado disso, foi se tornando mais aberta, mais confiante e já não estava culpando tanto as outras pessoas. O mais importante é que ela começou a gostar de si mesma cada vez mais, o que significava que ela conseguia agora *conceber* alcançar uma condição em que ela realmente recebia a quantidade certa de amor em sua vida.

Equipada com esta nova confiança interna e com o sentimento crescente de que, finalmente, ela era amada por si mesma, Diana teve forças para reformular sua vida pública e assumir o controle. Ela estava fazendo seus próprios planos, elaborando os seus próprios itinerários e provando o quanto ela poderia fazer sozinha.

Parecia que, no mínimo, era o *início* de sua libertação das dúvidas e das inseguranças. A lesma emocional parecia estar desaparecendo.

O fato de que ela parecia estar ficando mais forte mentalmente também se refletiu em seu físico. Enquanto ela ganhava o controle sobre seu corpo, os exercícios feitos em suas idas diárias à academia aumentaram suas medidas, e sua forma assumiu proporções femininas saudáveis. Os arranhões e as marcas de lacerações sumiram. As risadinhas nervosas foram sendo substituídas por deliciosas gargalhadas.

A percepção de que ela estava desenvolvendo uma nova crença em seu valor próprio e propósito também foi marcada por uma mudança no seu vestuário. Em casa, Diana ficava tranquilamente com os pés descalços enquanto, em público, ela se equilibrava em cima de saltos altos. Em 1994, ela tinha estabelecido firmemente sua própria identidade no vestuário, naquela época, suas roupas eram colantes e coloridas. Antes disso ela nunca havia usado as cores primárias. Depois de 1995, as suas roupas estavam bem mais justas, não havia mais saias e vestidos. As mudanças no seu estilo foram perceptíveis, esse foi mais um dos efeitos colaterais da sua campanha de minas terrestres: a mudança no seu guarda-roupa. Mas isso não era outra afirmação de estilo relativamente superficial, era uma placa de sinalização tão grande quanto se possa imaginar.

Era o anúncio de que Diana estava planejando vender seus mais famosos vestidos.

Em seus próprios termos, essa era uma poderosa declaração de que ela estava decidida a deixar no passado a sua vida na realeza e que, de agora em diante, ela estava na direção.

A ideia partiu de seu filho William — talvez haja muito mais do que apenas uma semelhança física entre mãe e filho. Quando Diana estava em Barbuda, durante o Natal de 1996, William telefonou para a mãe, dizendo: "Eu tive uma ideia brilhante mamãe, por que você não promove a venda de seus vestidos para a caridade — e eu vou ficar com dez por cento!"

A princesa pensou sobre isso enquanto relaxava na praia e decidiu que era realmente uma ideia brilhante. Quando voltou de Barbuda, ela ligou para Simone Simmons, contando sobre o plano, e convidou a amiga para ajudá-la a escolher em seu guarda-roupa os melhores vestidos para o leilão.

Diana mantinha os vestidos de noite em um quarto abaixo do apartamento principal. Lá em cima, no mesmo nível da sala, ficava o seu closet. Esta era uma imagem totalmente nova de Diana. Simmons conta que quando entrou no quarto dos vestidos de baile, parecia a caverna de Aladim. Ela simplesmente não conseguia resistir a tocar naquelas roupas deslumbrantes, elas eram de outro mundo. Certamente não havia nada parecido em nenhuma loja em Hendon!

Juntas, elas passearam pelo acervo de valor inestimável. Diana comentou que as primeiras coisas das quais queria se livrar eram os "trajes desalinhados e sem graça". "Eu realmente não preciso mais desses", disse ela. Apesar do seu deslumbramento óbvio, Simmons teve de concordar. "Não, você não vai precisar deles".

Era um sentimento estranho para Simone tentar soar como se estivesse dando um bom conselho enquanto estava diante de um guarda-roupa pelo qual as mulheres se matariam! Mas, ao lembrar que Diana respeitava a sua objetividade, Simone disse: "Esqueça o sentimentalismo, quais dessas coisas você usaria de novo?" Diana olhou em volta e depois olhou de novo e apontou para um vestido, "Eu poderia usar isso!", ao que Simone respondeu, rindo: "Sim, no tempo da rainha Elizabeth I, talvez!", Diana começou a rir e então pareceu perceber que ela realmente não precisava de nenhum deles. "Eu não vou ser vista morta em praticamente nenhum deles!", ela disse. "Certo, todos aqueles vão embora!"

Foi preciso uma tarde inteira e boa parte da noite para Diana e Simone escolherem todos os vestidos.

No final de janeiro, ela anunciou a venda de seus vestidos para junho. Era, certamente, uma forma original de fazer dinheiro. Diana anunciou que a renda seria destinada ao AIDS Crisis Trust e ao Fundo de Pesquisas do Câncer do hospital Royal Marsden.

A venda dos vestidos não foi o único sinal de mudança neste momento de sua vida. Diana começou a reduzir a sua dependência de curandeiros e terapeutas, que por tanto tempo foram o seu esteio e se tornaram uma parte importante do seu cotidiano, tanto que ela deve ter se sentido quase como um cego jogando fora sua bengala. Simmons acredita que ela acabaria abandonando até a sua terapia mais duradoura, a de irrigação do cólon, porque agora Diana estava recebendo um "tratamento de vida".

A própria Simmons pode ser descrita como uma terapeuta "alternativa", considerando que ela oferece algo que nem está disponível nem é aprovado no Serviço Nacional de Saúde. Mas, até mesmo ela estava maravilhada com a nova mudança que percebia na antiga vida desordenada de Diana.

Na sala de baixo, onde ficavam os vestidos de gala, a princesa apontou para um armário na parede. Simone conta: "Diana abriu o armário e estava transbordando de medicamentos e complementos de todos os tipos imagináveis. Vitaminas, minerais, extrato de fígado, o que você puder imaginar estava lá. Eu perguntei, 'Meu Deus, para que tudo isso?' Eu olhei para uma das caixas e disse, 'está com a data vencida', e Diana apenas falou, 'fique onde está, eu volto rapidinho'. Poucos minutos depois, ela retornou com um grande saco de lixo preto que tinha encontrado em algum lugar".

Ao longo dos anos, inúmeros terapeutas haviam oferecido à princesa diferentes tipos de "curas", remédios para animá-la, pílulas para acalmá-la e assim sucessivamente. Simmons pede para que nos imaginemos andando dentro uma farmácia e olhando todos os remédios em oferta e diz que isso é o que Diana tinha dentro de um armário. Mas agora chegou a hora do descarte, quase tudo foi destinado para o saco de lixo. Juntas, as duas mulheres vasculharam tudo, separando as coisas que Diana poderia precisar em um caso de emergência de coisas que ela nunca iria precisar ou eram completamente inúteis.

Fizeram uma limpeza maciça. Depois que acabou, Diana disse: "Deus, parece vazio!" Nos sacos do lixo, elas consideravam que provavelmente tinham sido descartados milhares de libras em remédios de todo tipo, tudo jogados fora como parte de um tratamento muito amplo de Diana.

A imprensa, por sua vez, continuou suas tentativas de expor seu relacionamento com Hasnat. Plenamente consciente da aversão de Khan à imprensa e com medo de que a perseguição incessante pudesse danificar seu relacionamento, Diana não poupou esforços para mantê-los fora da pista.

Havia os disfarces: as longas perucas pretas e marrons com os óculos, as rotas tortuosas em torno da cidade para se certificar de que ninguém a estava seguindo, e a publicação de falsas histórias com a ajuda de um ou dois jornalistas confiáveis.

Além desses métodos, ela também recrutou a ajuda de amigos para a proteção de Hasnat Khan da imprensa.

Esta não era uma tática nova, ela usava os amigos frequentemente para colocar a imprensa no caminho errado. Na verdade, ela fazia isso com tamanha perfeição que um ex-secretário de imprensa admitiu que às vezes era difícil fazer o seu trabalho sem saber exatamente o que Diana havia pedido para seus amigos dizerem.

Em janeiro de 1997, Clive Goodman, o repórter da realeza para o jornal *News of the World*, encontrou a trilha novamente e desta vez estava planejando escrever um artigo expondo o seu relacionamento com Hasnat Khan. Ao ouvir isso, Diana pediu para Simone Simmons chamar o repórter e dizer que a princesa ainda estava vendo Oliver Hoare. Simone deveria acrescentar, se ele não acreditasse nela, que Goodman poderia pegar a princesa andando para cima e para baixo do lado de fora da casa de Hoare naquela noite. Diana disse à Simmons que por segurança ela também iria ligar para sua assistente pessoal, Victoria Mendham, e instruí-la para confirmar a história sobre Hoare, sem se importar com qualquer perturbação que pudesse ou não ser causada ao negociante de arte.

Mendham, então com 27 anos de idade, estava trabalhando para Diana há sete anos e havia se transformado em uma grande amiga. Mas quando Diana tentou encontrá-la, não conseguiu. Goodman, no entanto, foi bem-sucedido onde Diana tinha falhado, conseguindo rastrear Victoria Mendham que alegremente, ignorando a tática de Diana, negou que o relacionamento com Hoare ainda estava em curso.

Diana ficou furiosa com isso e Mendham foi demitida em 23 de janeiro, depois de sete anos no palácio. Reportagens de jornais da época disseram que a dispensa foi supostamente motivada por uma disputa de dinheiro após o feriado de Natal, na ilha caribenha de Barbuda. Parece mais provável que Diana esperasse um grau de cumplicidade daqueles ao seu redor e que, neste caso, não poderia aceitar que Mendham fosse contra a história criada por ela.

Durante todo esse tempo, Diana sempre manteve contato com a família de Hasnat Khan. Sua nova autoconfiança não tinha atenuado o seu desejo de fazer parte de uma família. Em janeiro de 1997, Omar e Jane, o tio e a tia de Hasnat em Stratford-upon-Avon, tiveram o seu primeiro filho. Diana esteve muito próxima durante toda a gravidez e estava quase tão empolgada com a chegada de um bebê quanto os pais. O bebê recebeu o nome de Dyan, em homenagem à princesa.

Diana estava fazendo a ronda nas lojas de bebês como se fosse para o seu próprio filho, ela já tinha comprado um carrinho de bebê, uma cadeirinha e todos os tipos de roupinhas. Agora, ela havia chegado novamente na casa deles, tendo dirigido sozinha de Londres.

Durante a sua estada em Stratford, ela ajudou a montar o carrinho de bebê. O professor Jawad Khan também estava lá, ele tinha acabado de chegar do Paquistão para ver o seu novo sobrinho. Ele se lembra dos dois, um cirurgião cardíaco e uma princesa, envolvidos na montagem de um carrinho de bebê! Nenhum deles jamais havia feito tal coisa antes. Diana brincava com Omar e Jane dizendo que o carrinho era uma Ferrari italiana e que ela os estava ensinando como dirigir.

Diana certamente se sentia muito envolvida com a nova chegada. Em outra ocasião, ela apareceu na casa de Omar e Jane e anunciou: "Vocês podem sair agora. Levem o tempo que quiserem. Eu sou a babá".

Diana estava cultivando uma forte amizade com Jane e a convidou para ficar no palácio de Kensington. Jane parecia ser capaz de ajudar a trazer

Diana de volta para a terra, e, obviamente, continuava a transmitir a sua experiência de ter se casado com o clã Pathan. Diana aprendeu com Jane que a aceitação necessitava de muita persuasão e paciência, e Diana sabia que se ela queria casar com Hasnat, teria que percorrer a mesma rota.

A pessoa que ela precisava persuadir, acima de todas as outras, era a mãe de Hasnat, e ela sabia que esta não seria uma tarefa fácil.

18

Entre a cruz e a espada

....

A cidade de Jhelum no norte do Paquistão fica a 195 quilômetros ao norte da cidade de Lahore pela estrada Grand Trunk Road ou 'GT'. Os membros da família Khan viajam regularmente entre as duas cidades, visitando as respectivas casas da família na Model Town e na antiga fábrica de vidro na periferia de Jhelum. As estradas são muito acidentadas, estão em péssimo estado de conservação, o que fica evidente pelas crateras que mais parecem vulcões, onde a estrada simplesmente desabou. Os pedestres têm o péssimo hábito de correr para a rua em vez de simplesmente desviar do tráfego, como é feito em Nova York ou em Londres. Talvez seja um meio de atravessar como qualquer outro, mas muitos são mortos. Além de tudo isso, você dificilmente consegue ver alguma coisa, a visão fica quase totalmente prejudicada pelas nuvens de poeira que são levantadas, como minitornados, das ruas não pavimentadas em ambos os lados das estradas principais.

Cerca de cinco quilômetros ao norte de Jhelum, no lado esquerdo, a principal estrada se inclina e você pode visualizar uma placa velha dizendo Prime Glass. Esta é a propriedade da família Khan, que cuidava da produção de vidro do país. Agora, porém, o antigo edifício da fábrica está em silêncio e o que costumava ser o escritório administrativo foi transformado em uma escola primária e secundária, dirigida por uma das irmãs de Hasnat Khan.

Grossas paredes ocres formam a circunferência do que foi outrora um estabelecimento rico e privilegiado, agora tingido com uma grandeza desbotada.

Adiante, a rua faz uma curva que dá lugar a uma casa imponente com uma ampla varanda. Esta é a 'Pequena Casa' em que Hasnat cresceu. De alguma forma, ela lembra as antigas casas de fazenda do sul dos Estados Unidos.

A sala de estar castanho-amarelada, como muitas dessas casas antigas, possui o pé direito muito alto. Estamos no inverno, por isso os ventiladores de teto estão silenciosos. A enorme lareira no centro da sala deve fazer muito barulho com o espocar da lenha queimando durante a noite, mas estamos no meio da manhã e a casa está silenciosa. A decoração é clara e simples, o que reflete uma vida sem espalhafato. O piso de azulejos vermelhos é forrado com tapetes e há bancos de couro espalhados pelo quarto.

Lá fora, na varanda, um súbito movimento revela uma figura mediana vestida com um *shalwar kameez* de veludo marrom. É a mãe de Hasnat. Descrita até mesmo por membros de sua própria família como muito obstinada e temível. Há um certo grau de apreensão neste encontro.

Uma tia aparece, uma de muitas, que veio passar o fim de semana para visitar a família de sua irmã. Ela se ocupa em arrumar lugares para que todos se sentem enquanto prepara o chá. Não há gás em Jhelum, por isso o processo do cozimento do almoço ou de qualquer outra refeição deve ser cuidadosamente planejado e precisa começar com pelo menos três horas de antecedência. Mesmo a preparação dos lanches é uma tarefa grandiosa.

Naheed Khan nasceu em 1931, é a filha mais velha de Appa. Ela possui mestrado em artes e uma mulher como ela era considerada extremamente liberal no início dos anos 1950, quando estava estudando.

Assim que ela começa a falar, fica claro que é uma pessoa articulada, que obtève suas opiniões através de cuidadosa reflexão. Ela é direta e fala com o coração, o que é incomum entre os anciãos desta sociedade muçulmana.

Seus traços finos agora estão endurecidos pelo tempo, mas não houve perda de ardor e paixão em sua voz como se pode perceber enquanto ela expõe o seu ponto de vista a outro membro do clã. Uma olhada sobre o pensamento da mãe revela a natureza da dificuldade que os planos de casamento de Hasnat Khan e Diana enfrentariam.

Naheed Khan começa por expressar seu ressentimento com o Raj britânico no subcontinente. Ela não gosta da influência da Grã-Bretanha sobre o Paquistão, e da agitação causada na vida de todos. No momento da separação, em 1947, Naheed Khan tinha dezesseis anos. Ela testemunhou uma das maiores transferências de população na história quando as fronteiras entre as áreas completamente mistas de muçulmanos e hindus do Punjab e de Bengala foram definidas. Quando a chamada Linha Radcliffe foi anunciada, os muçulmanos fugiram para um lado e os Hindus e Sikhs para o outro; ao todo, cerca de seis milhões de almas em cada sentido.

Nas rebeliões e terríveis massacres em ambos os lados, algo entre duzentos mil e um milhão de pessoas foram mortas. Foi mais ou menos nessa época que Naheed Khan e seus pais deixaram a sua cidade natal, Ferozepur, que hoje fica na Índia, antes de se mudarem para Lahore, que fica a apenas alguns quilômetros da fronteira. As lembranças daqueles tempos ainda estão frescas e nítidas na mente de Naheed Khan.

Cerca de dez por cento da sociedade paquistanesa pertence à classe alta ou elite. Essas pessoas são altamente qualificadas e vulneráveis às influências ocidentais. Isso significa que eles não seguem os sistemas familiares tanto quanto as classes média e baixa. Diante de uma sociedade que está mudando rapidamente e tendo que se adaptar às formas modernas do materialismo e consumismo, Naheed Khan deixa claro que ela não gosta, radicalmente, da influência que o Ocidente está exercendo sobre a sua sociedade, e especialmente sobre sua cultura. Mas enquanto a sua família tem sido influenciada pelo Ocidente, a geração mais jovem está ainda vinculada aos valores tradicionais e ao respeito pelos mais velhos. Isso cria um conflito que coloca alguém na posição de Hasnat bem no centro.

Na Índia existem as castas, no Paquistão existem os clãs que formam a espinha dorsal moral e o alicerce social em que a sociedade se organiza. Hasnat Khan e sua família pertencem a um clã chamado Pathans. Os Pathans são descendentes de uma raça muito orgulhosa e conservadora de guerreiros que viviam principalmente no Afeganistão e no Paquistão. Contudo, sua origem não é clara, suas lendas sugerem que eles sejam descendentes de Afghana, neto do rei Saul. No entanto, a maioria dos estudiosos acredita que eles, provavelmente, são descendentes de antigos arianos e de invasores posteriores.

Situada no cerne da sociedade Pathan, está a noção de família estendida e em comparação com todos os outros grupos étnicos no Paquistão, a estrutura familiar dos Pathans é uma das mais fortes e com os laços mais próximos.

Naheed Khan está comprometida com a crença de que o sistema da família comunitária é o que funciona melhor nesta cultura e nesta sociedade. Ela é uma tradicionalista que apoia um sistema em que a mãe e o pai cuidam dos filhos, depois os filhos cuidam dos pais, e três gerações vivem sob o mesmo teto. Para ela, esta é a maneira em que a sociedade pode se manter unida.

O sistema comunitário estava em operação no seio da família Khan enquanto ela falava. Uma tia voltou para a varanda carregando uma criança, o primeiro filho do irmão mais novo de Hasnat, Memuhn. Os pais do garoto estavam ausentes, mas mesmo assim alguém da família estava lá para cuidar dele. Este bebê vai se tornar o sobrinho "favorito" de alguém de dentro da família e vai receber amor não apenas de seus pais, mas também de outro integrante da família.

É assim que o sistema da família comunitária funciona. A família é um amortecedor que proporciona segurança e se alguém da família ficar desempregado, por exemplo, a família vai cuidar dessa pessoa. A família é a chave para a sobrevivência, mas também pode impor um enorme ônus da responsabilidade sobre qualquer um dos seus membros, como um equilíbrio, fornecendo uma rede de segurança. Ele funciona muito bem, desde que todos compartilhem das ambições e ideais do clã.

Este é o sistema em que Hasnat Khan, um homem inteligente, com ambições para aperfeiçoar suas habilidades como cirurgião cardíaco, cresceu.

Hasnat foi adotado por seu tio Jawad, que o tratou como se fosse seu próprio filho, ajudando-o com a sua carreira e procurando oportunidades de trabalho para ele. Por sua vez, Hasnat adotou o filho mais velho de Jawad, Mumraiz, como o seu próprio filho. Dentro de um sistema como este, a maioria dos casamentos são arranjados. As famílias se conhecem e vários parentes irão se casar entre si. Em tais casamentos, os pais são como conselheiros, se um casal está vivendo algum problema ele será resolvido pela família. O casamento não é apenas de duas pessoas, é encarado como uma oportunidade para toda a família se unir. É uma divisão da vida e do trabalho.

Os pais de Hasnat já haviam tentado casar o filho mais velho duas vezes, em 1987 e 1992. Mas nos dois casos ele recusou e o casamento não aconteceu. Um terceiro compromisso, desta vez de sua própria escolha, também não resultou em casamento.

Embora Hasnat Khan tenha passado uma parte considerável de sua vida no Ocidente e já estivesse acostumado com um sistema diferente, esta é a cultura em que ele foi criado. Mesmo não querendo um casamento arranjado, tomar decisões unilaterais sobre seus relacionamentos seria como quebrar as regras do jogo e dividir a família.

Quando um casamento está prestes a acontecer, existem outras considerações a serem feitas nesta sociedade — a reputação da pessoa é muito importante, bem como a reputação da família dessa pessoa. É comum o filho compartilhar a casa com os pais, e vice-versa, então será que a menina pode se dar bem com seus pais? Será que ela vai ser capaz de conviver na mesma casa que seus pais? É um grande problema se a menina cresceu no Ocidente — como ela vai conviver com um sistema de família comunitária?

Embora hoje em dia sejam liberais, historicamente os Pathans relutaram a aceitar qualquer um de fora do seu próprio clã. Eles têm muito orgulho de quem são, embora o Punjab não seja originalmente sua área, eles mantêm suas antigas tradições. Mesmo um casamento com outro asiático de um grupo diferente tende a ser encarado como misto.

Um casamento com um "estrangeiro" aconteceu na família Khan, no caso de Omar e Jane. Omar é o irmão mais novo do professor Jawad. Ele foi criado na Inglaterra e estava acostumado com as tradições do Ocidente. Quando ele se aproximou da família pela primeira vez, com a intenção de se casar com Jane, uma menina britânica, houve muita oposição à união. Em particular, do marido de Appa, o professor Ahmad Ayub Khan, também um médico, era totalmente contra o casamento, insistindo na importância do sentimento de pertencimento. Ele acreditava que no casamento misto esse sentimento seria diluído.

Omar e Jane se conheciam há muitos anos. A família percebeu que Omar não se casaria com mais ninguém e por isso a decisão ficou a cargo de Appa e seu filho mais velho, Jawad. Por fim, dois anos após a morte do pai, Jane e Omar se casaram. O seu casamento aconteceu no gramado da casa em Model Town.

O poder da figura materna nesta sociedade não pode ser subestimado, e como o professor Akbar Ahmed havia esclarecido para Diana, no islamismo a mãe é muito respeitada. Na verdade, não é somente respeito, é algo ainda mais profundo. O tio de Hasnat, Ashfaq, comenta que "os meninos orientais são muito apaixonados por suas mães. Esta não é uma teoria freudiana, é uma realidade, e eles pensam e acreditam (e o Alcorão diz) que o paraíso fica aos pés da mãe. Existe um famoso ditado em nossa religião que diz que se você irritar a sua mãe vai ser torturado nesta vida e no além". De acordo com Ashfaq, a influência materna atravessa continentes e culturas. Hasnat "não pode modificar uma polegada dos ditames de sua mãe, mesmo que tenha passado tanto tempo na Inglaterra e tenha vivido naquela sociedade, visto a independência e a liberdade de perto, ele não dirá não para sua mãe em nenhum caso".

A relação entre mãe e filho é muito próxima, ela influencia cada aspecto da vida dele. Jawad Khan abandonaria tudo por Appa mesmo sendo um importante cirurgião com os seus 50 anos e pai de quatro filhos. O chamado da mãe é tão poderoso que tem prioridade sobre o da esposa e o da família.

Não é incomum os filhos se divorciarem de suas esposas por influência de suas mães. Em um caso, um casal tinha sido muito bem casado por quatro anos, mas a mãe não gostava de alguns dos hábitos de sua nora. O casal discutia ocasionalmente, como todo mundo, mas os pais ouviam. A mãe pensava "como a minha nora se atreve a discutir com o meu filho". No final, a mãe rompeu o casamento, mesmo o filho amando sua esposa e querendo ficar com ela.

As mães gostam que seus filhos morem com elas, na família Khan existe uma pressão sobre o irmão caçula de Hasnat, Memuhn, para que ele viva com seus pais, já que Hasnat não está lá. Naheed sente falta de Hasnat em casa e ele, por sua vez, sente muito a responsabilidade porque sabe que deveria estar lá com seus pais.

Quanto mais tempo Hasnat viver no Ocidente mais difícil se tornará o compromisso de se casar com uma mulher paquistanesa, e assim o seu dilema cresce. Conforme ele fica mais velho, a pressão para casar aumenta. Seus outros irmãos e irmãs são todos casados, e o objetivo da vida de Naheed é ver Hasnat casado com alguém de dentro do clã Pathan. Ele se sente obrigado, sente que é seu dever, sente que seria decepcionar seus pais, seria uma traição e que ele seria afastado da família se ele fosse contra a vontade de seus pais. No entanto, ao mesmo tempo, ele agora está completamente ocidentalizado, tem dificuldade para incorporar a ideia de um casamento arranjado, estando acostumado com a cultura do Ocidente. Quando visita o Paquistão, fica no máximo duas semanas, o que definitivamente não é tempo suficiente para conhecer nenhuma pretendente.

Hasnat fica entre a cruz e a espada, incapaz de tomar uma decisão, incapaz de se comprometer.

Tudo isso estava na consciência de Hasnat na primavera de 1997. As pessoas mais próximas da família dizem que Hasnat definitivamente estava apaixonado por Diana e queria se casar com ela. O seu tio Ashfaq disse, "Se você investigar profundamente as emoções e os sentimentos adormecidos em Hasnat, eu posso dizer com certeza que ele era muito apaixonado por aquela mulher, e ficou muito impressionado com sua personalidade, não com sua beleza, mas com sua humanidade".

Estando ciente de seus vínculos familiares e dos problemas que sua cultura impõe, Hasnat teria dito para Diana que ela deveria visitar o Paquistão para ver com os próprios olhos, vá e veja Lahore, veja Islamabad, veja minha casa e meu estilo de vida.

Para ele o fato de Diana ser um ícone, uma celebridade internacional conflitava com seu estilo de vida e com a coesão de sua família. Ele não sabia como Diana iria se adequar e disse isso a ela. Desesperada para provar que ele estava errado e ansiosa para salvar o relacionamento, mostrando que poderia funcionar, ela concordou em ir ao Paquistão e se encontrar com o pai a mãe e com a família de Hasnat. Ela tinha certeza que se a família a conhecesse gostaria dela e ela conseguiria convencê-los e Hasnat acharia fácil se comprometer.

Durante uma conversa ao telefone com seus pais, no Paquistão, Khan perguntou à sua mãe se ela concordaria em se encontrar com Diana. Os acontecimentos estavam entrando em um novo estágio...

Parte 4

O Último Verão

19

Eu quero me casar com Hasnat Khan

....

Diana partiu para Lahore pela terceira vez em 22 de maio de 1997 em uma visita de três dias, voando em um Boeing 757 pertencente a sir James Goldsmith. Ela estava viajando com a filha de Goldsmith, Jemima Khan, e com o filho de seis meses de idade de Jemima, Sulaiman. Ela estava no céu, literalmente, porque na noite anterior o novo primeiro ministro da Grã-Bretanha, Tony Blair, impôs a proibição total da venda de minas terrestres. Quando Diana ouviu a notícia, ela pulou, socou o ar e gritou, "Isssso!".[9]

Nesta visita ao Paquistão, Diana ficaria com Imran Khan em sua casa na vizinhança do Parque Zaman, em Lahore. A casa de tijolos vermelhos da década de 1970 é compartilhada por Imran e Jemima, o ancião Sr. Khan, e pela família de uma de suas filhas. A porta de entrada em arco se abre para um corredor espartano caiado e degraus de pedra polida levam até o apartamento independente de Imran e Jamima.

O quarto de Diana ficava ao lado do apartamento de um quarto de Imran e Jamima. As paredes estavam decoradas com ricas tapeçarias orientais, e sua cama aninhada em um canto aconchegante.

---

[9] *Sunday Mirror,* 9 de novembro de 1997.

Para o resto do mundo, Diana estava em Lahore fazendo outra visita de caridade ao hospital do câncer de Imran. Ela deveria lançar um novo fundo de doação para ajudar a manter o hospital em funcionamento. No entanto, ela estava matando dois coelhos com uma cajadada só. Apaixonada como estava pelo hospital de Imran, este evento proporcionou uma cobertura conveniente para o evento principal.

Sua busca pessoal e a razão principal para a viagem à Lahore era a visita à família de Hasnat para tentar convencer sua mãe de que ela era uma pretendente aceitável para o seu filho mais velho.

Um pouco antes de sua chegada, Imran e Jemima haviam convidado à sua casa uma dúzia de casais para conhecer a princesa. O jantar estava sendo realizado no jardim atrás da casa de Khan, cercado por altas árvores de bambu e iluminado por luzinhas penduradas nos galhos. Uma tenda foi erguida onde a comida seria servida. Diana estava à frente da fila com Imran e Jemima cumprimentando os convidados que chegavam.

Uma das convidadas era Jugnu Mohsin, uma irreverente jornalista e ácida crítica das pessoas no poder, ao qual ela regularmente acusa por abusos do sistema. Agora no comando do jornal *Friday Times*, de Lahore, ela havia passado sete anos na Inglaterra estudando direito na Universidade de Cambridge.

No jantar, Mohsin se sentou ao lado de Diana e as duas logo estavam papeando. Diana começou a se interessar de fato quando Mohsin contou que ela se considerava uma mulher paquistanesa muito moderna, uma personalidade composta que passou os anos de formação na Inglaterra, mas depois voltou a sua terra natal, o Paquistão.

Mohsin disse que Diana estava realmente interessada no conceito de uma mulher ser "do mundo moderno", mas também prosperando em um país muçulmano conservador e tradicional como o Paquistão.

"A ideia de ser capaz de se casar com as duas culturas e viver de forma produtiva e criativa nesse tipo de ambiente interessou enormemente a princesa".

Ela perguntou a Mohsin se o seu casamento havia sido "arranjado". Mohsin respondeu que ela teve "sorte", ela encontrou o seu marido e teve tempo de conhecê-lo antes de se casarem e disse que ele a apoiou completamente. "Então ele é um homem moderno?", questionou Diana, "Sim, sem dúvida", respondeu a jornalista.

Elas continuaram conversando sobre a vida no Paquistão, quais eram as maiores dificuldades, quais os benefícios, a segurança que a família proporciona, e Mohsin achou que os temas recorrentes do amor incondicional e do suporte das famílias orientais exercem uma poderosa atração em Diana.

Durante o jantar, Diana decidiu ir para dentro da casa e convidou Mohsin para acompanhá-la. A jornalista seguiu Diana até a casa de Imran, onde os sobrinhos dele estavam jogando críquete na sala de estar. Diana se virou para Mohsin e disse "eu realmente me sinto em casa aqui".

Não é muito difícil adivinhar alguns dos pensamentos que estavam passando na cabeça de Diana naquela noite. Ela estava ponderando as possibilidades de ser capaz de habitar em dois mundos ao mesmo tempo e estava se sentindo bem confortável com a ideia. Isso serviu para renovar sua determinação em conquistar a família de Hasnat.

Agora havia chegado a hora de conhecer os pais de Hasnat Khan. Mas antes de tudo, um local para o encontro deveria ser acordado. Imran queria que fosse em sua casa, para o conforto e a conveniência de Diana, mas a família de Hasnat achava que já que Diana percorreu todo esse caminho para se encontrar com eles, então eles deveriam ser os anfitriões em sua própria casa, na Model Town. Ao final, tudo foi resolvido depois que a mãe de Hasnat ligou para Diana. Elas discutiram os prós e os contras das possíveis escolhas e finalmente concordaram que Diana deveria ir a Model Town por volta das cinco horas, naquela tarde.

Diana estava pronta, vestindo um *shalwar kameez* azul que Jemima tinha mandado fazer para ela em Lahore. Embora um pouco apreensiva, ela parecia bastante animada e ansiosa para conhecer os novos membros da família, se encontrar com Appa novamente, e, claro, poder conversar com os pais de Hasnat. Embora ela estivesse preparada para a "teimosia" da mãe Naheed, o pai de Hasnat, Rasheed, era descrito como uma pessoa muito gentil, um homem reservado, que passara a vida criando elegantes peças de vidro sopradas com as mãos.

Ficou combinado que duas das irmãs de Imran Khan, Aleema e Rhanee, iriam acompanhar a princesa. Rhanee conhecia a família de Hasnat Khan muito bem e a irmã de 39 anos de idade Aleema havia se encontrado com a princesa antes em sua visita ao Paquistão de 1996 e havia discutido a concepção de seus vestidos com Rizwan Beyg e Jemima. Como Diana, Aleema tinha dois filhos, um com quinze e outro com doze anos de idade.

A única coisa que a comitiva queria evitar à todo custo era a atenção da imprensa, então ficou decidido que Aleema iria dirigindo o seu próprio Toyota Corolla preto para não levantar nenhuma suspeita. Sempre que Diana fazia um passeio, para qualquer lugar, ela normalmente era acompanhada por um cortejo de veículos, mas nesta ocasião as três mulheres despistaram os homens da segurança e viajaram para a Model Town sem escolta e sem serem detectadas.

O fato de Diana haver voado ao Paquistão para se encontrar com a família Khan era a prova de suas verdadeiras intenções e ela acreditava que possuía uma chance verdadeira de persuadir a família de Hasnat que ela seria boa o suficiente para o seu filho. Em algum lugar da mente de Hasnat também deveria haver essa esperança de sucesso para que ele resolvesse falar com sua mãe a respeito deste encontro com Diana.

Enquanto isso, onze membros próximos da família de Hasnat — o seu irmão e suas irmãs com seus maridos, sua tia Maryam e seu marido Salahuddin, Appa, Uzma, a esposa do professor Jawad e, é claro, a mãe e o pai de Hasnat — estavam reunidos na casa da Model Town. Os pais de Hasnat haviam percorrido os 195 quilômetros de sua casa em Jhelum especialmente para este encontro.

Era um final de tarde e a luz começava a desaparecer. O dia estava rapidamente dando lugar à noite. O suave perfume de jasmim rescendia e os mosquitos vasculhavam o ar se preparando para suas perseguições noturnas. A temperatura era de 38 graus Célsius, o calor era debilitante como o de uma sauna.

Lentamente, o Toyota preto de Diana parou na entrada frontal da casa. A princesa apareceu na varanda fria e apertou as mãos dos membros da família e da mãe e do pai de Hasnat. Esta seria a primeira e única vez que as duas mulheres iriam se encontrar.

Os cortes de energia não são incomuns no Paquistão, eles representam um aspecto da vida em um país em que a infraestrutura foi continuamente corroída pelos governos sucessivos que se endividaram com o passar do tempo. Mas agora, quando as luzes se apagam exatamente no momento em que Diana estava chegando à Model Town, esta ocorrência ordinária de alguma forma assumiu conotações sinistras.

Por enquanto, porém, a ausência de luz era apenas um pequeno inconveniente, cadeiras de madeira foram rapidamente colocadas no gramado da casa debaixo das mangueiras e das palmeiras. Dentro da casa, a tia Maryam estava ocupada preparando o chá. Tateando no escuro de um armário da cozinha ela conseguiu encontrar algumas xícaras de grés Staffordshire com um motivo floral. Havia apenas cinco jogos de xícaras e pires, o resto teria que ser montado com a sobra de louça guardada por anos.

O chá, juntamente com alguns hambúrgueres e doces comprados às pressas em uma loja nas proximidades foram colocados em um carrinho de madeira velha com as rodas bambas e carregado pelos funcionários para baixo pelos degraus da varanda do jardim.

A família estava conversando e rindo sobre a queda da energia, Diana disse que na casa de Imran havia também um racionamento de água. Ela demonstrava aceitar que essas coisas faziam parte da vida no Paquistão e não parecia estar particularmente incomodada com isso.

Todos tinham leques para se refrescar no calor.

A atmosfera era de uma informalidade amigável. Salahuddin, o marido da tia Maryam, fez um comentário sobre o vestido de Diana perguntando a ela onde o havia conseguido. Ela disse que era de Jamima e que havia sido feito em Lahore. Ele brincou que o *seu shalwar kameez* havia sido feito por Rifat Ozbek (um célebre alfaiate turco).

Os comentários sobre a presença da princesa Diana se espalharam pela vizinhança e uma grande quantidade de vizinhos intrometidos estava espiando o jardim através dos portões. Slahuddin teve que ir repreendê-los pedindo que deixassem sua família em paz já que este encontro era para discutir um assunto particular.

Salahuddin foi buscar sua câmera e usou um rolo inteiro de filme para registrar o evento. Tudo estava muito amigável, parecia estar correndo tudo bem.

Em meio a todo este convívio espreitava a necessidade de conquistar Naheed Khan. Diana pegou o chá, mas não comeu nada, o que sugeria que ela estava mais nervosa e ansiosa do que aparentava. As duas mulheres conversavam juntas. Era simplesmente um bate papo informal, nada parecido com uma conversa íntima.

Os pais de Hasnat não perguntaram nada que sugerisse qualquer consideração sobre Diana ser uma potencial pretendente para o seu filho e Diana não disse nada, em palavras, para tentar convencê-los de que ela deveria ser a sua nora. Era simplesmente uma chance de colocar os olhos nos olhos e avaliar que tipo de pessoa era cada uma.

As luzes de repente voltaram e a comitiva se moveu para dentro da casa. Em um pequeno quarto, ao lado do salão principal, as crianças haviam pulado em cima de algumas almofadas espalhadas e estavam assistindo televisão. Diana se juntou a eles e assistiram aos desenhos animados: *Penélope Charmosa* e *A corrida Maluca*. Depois de mais ou menos uma hora Diana partiu.

Após o encontro com a família, Diana foi direto para a casa de Imran Khan. Seu humor estava muito mais sombrio e contemplativo do que antes.

No caminho de volta ela conversou com Aleema Khan refletindo sobre o seu futuro e sobre o que ela deveria fazer. Ela disse a Aleema sobre como a imprensa a aborrecia, como ela não gostava do fato de que os jornalistas vendiam histórias sobre ela para lucrar com isso. Ela se sentia traída pelas pessoas que vendiam os artigos e estavam dispostas a falar sobre os seus relacionamentos.

Ela também contou à Aleema que gostaria de morar na Austrália, acreditando que lá a imprensa a deixaria em paz ou que pelo menos seria menos sufocante.

Ela disse que Hasnat Khan era a única pessoa que não havia falado sobre ela com ninguém. Ele não havia vendido sua história para a imprensa e provavelmente era o tipo de coisa que ele jamais faria, e ela disse que respeitava isso.

Aleema contou à princesa que gostaria de ter uma ou duas filhas no futuro e Diana disse que também gostaria de ter uma filha. Ela contou à Aleema que estava satisfeita em ter conhecido a família. Mas também disse que estava ansiosa em continuar com sua campanha contra as minas terrestres e com os esforços para angariar fundos para o hospital de Imran. Ela disse que estava disposta a viajar a outros países no Oriente Médio para ajudar a arrecadar dinheiro por lá.

Chegando a casa, Diana se dirigiu para o quarto de hóspedes de Khan. Imran Khan apareceu e foi nesse momento que os dois tiveram uma conversa sincera em que Diana confidenciou o quanto ela queria se casar com Hasnat Khan. Na mente de Imran não havia nenhuma dúvida. "Ele era o cara!".

20

Fale para o Dr. Hasnat se casar com a Princesa!

....

Junho de 1997 foi um mês extremamente movimentado para Diana. No terceiro dia do mês ela assistiu a uma performance do *Lago dos Cisnes* executada pelo Balé Nacional Inglês a convite de Mohamed Fayed e três dias depois apareceram os rumores de um romance com outro paquistanês, um empresário de 58 anos de idade, Gulu Lalvani, com quem Diana havia sido fotografada dançando no clube noturno de Annabel até as duas horas da madrugada. Hasnat ficou muito irritado com a notícia, tão indignado que se recusou a falar com Diana por vários dias, e ela recorreu ao professor Jawad em Lahore pedindo que ele ajudasse a acalmar as coisas entre eles.

Diana participou de festas para a divulgação da venda de seus vestidos em Londres e em Nova York. Como parte da campanha de divulgação do leilão ela apareceu na capa da revista *Vanity Fair*. Um artigo com duas páginas e meia foi intitulado "Diana Renascida", que mostrava a princesa com uma aparência despenteada, o que levou Richard Kay a perguntar no *Daily Mail* se *essa* era a *verdadeira* Diana.

Diana estava submersa em sua campanha de minas terrestres, fazendo discursos em Londres e Washington em nome da Cruz Vermelha. Após um encontro com Hillary Clinton na Casa Branca ela voou para Nova York no dia 19 de junho para se encontrar com a Madre Teresa, que caminhou de mãos dadas com Diana pelas ruas duras do Bronx onde as duas se abraçaram, se beijaram e oraram juntas.

Dois dias depois, em um sábado, dia 21 de junho de 1997, quase um mês após o seu retorno da viagem ao Paquistão, Diana dirigiu sozinha o seu BMW até a casa de Omar e Jane em Stratford-upon-Avon. Onze membros da família de Hasnat estavam voando do Paquistão, e ela estava ansiosa como sempre para vê-los e, particularmente, para ver Appa.

Diana chegou à casa por volta de dez horas da manhã, vestida casualmente com uma calça jeans, e descobriu que algumas pessoas da família, incluindo três das crianças mais novas, já haviam chegado. Depois de relaxar tomando um café com todos, Diana decidiu que ela levaria as crianças para fazer compras no supermercado local da Tesco. As crianças estavam muito excitadas em poder entrar no BMW de Diana. Diana tinha até uma televisão dentro do carro, o que as crianças adoraram.

Quando eles chegaram ao supermercado Diana pegou um carrinho e partiu para a ação. Soban, a criança mais nova, estava sentada no topo do carrinho enquanto Diana passeava pelos corredores em alta velocidade. Mas não era tão fácil como dirigir a BMW. Ela estava correndo tão rápido que trombou com uma enorme pilha de feijões cozidos jogando tudo para o alto, uma das latas caiu aberta no chão.

Os consumidores estavam se reunindo e dizendo uns aos outros, "Será que é mesmo a princesa Di?".

As crianças ajudavam a esconder a identidade de Diana respondendo a todos que perguntavam, "Não, não é a Lady Diana, esta é Sharon!".

As crianças disseram que Diana estava "correndo e batendo em tudo". Mas estavam adorando. "Nós ficamos impressionados", todos diziam. As crianças ficaram maravilhadas com o comportamento "legal" e "natural" de Diana. Eles adoravam o fato de Diana agir como se fosse uma deles e de forma alguma como uma princesa. "Era como se ela fosse nossa prima, uma de nós".

Diana comprou doces, batatas fritas e bebidas para as crianças. O homem no caixa perguntou 'Você é a Diana?' E ela disse, 'Não, claro que não. Pareço com a Diana? Isso é muito legal'. Mas ao final, de acordo com as crianças, todos os consumidores perceberam que ela realmente era Diana e todo mundo estava acenando para eles enquanto eles saíam do estacionamento.

Quando voltaram para casa, a outra parte da família já havia chegado à Stratford. Desta vez era a tia Maryam, o seu marido Salahuddin Khan e suas três crianças. Eles mal tiveram chance de dizer "Oi" e as crianças já correram atrás da princesa, pedindo para ir novamente ao supermercado Tesco e Diana se comprometeu a repetir o passeio.

Maryam é a filha mais nova de Appa e apesar de ser a tia de Hasnat, os dois tem mais ou menos a mesma idade e foram criados juntos na propriedade da família em Jhelum.

Ela tem uma baixa estatura e pertence ao grupo de pessoas eficientes, organizadas e interessadas em se certificar que nenhum tempo seja desperdiçado, comparecendo pontualmente em seus compromissos e se irritando muito com a possibilidade de se atrasar. No entanto, ela sempre tem um tempo disponível para ouvir os problemas das pessoas mais próximas a ela, sendo muito generosa, calorosa e leal.

O seu marido Salahuddin, o primo de Imran Khan, adora um jogo de golfe ou de críquete e possui um senso de humor impressionante. Ele não é conhecido por esconder as suas opiniões mesmo que elas causem algum embaraço, apesar de ser contundente também é muito aberto, honesto e completamente acessível.

Após a sua correria no supermercado, Diana se jogou em uma cadeira e papeou com Maryam sobre o leilão de seus vestidos que aconteceria em Nova York quatro dias depois. Maryam achava que havia sido uma maravilhosa decisão e brincou com Diana dizendo que era uma pena que nenhum vestido *serviria* nela.

Diana contou a ela que cada traje era uma lembrança de seus dias como a esposa do herdeiro do trono e que vender o seu guarda roupas era como abandonar uma antiga identidade. Ela riu muito e falou para Maryam que ela "não precisava dessas coisas mais".

Depois do almoço Diana lavou os pratos com a ajuda de uma das crianças Khan, mas ela ouviu os protestos veementes de toda a família dizendo que os pratos e panelas sujas poderiam ser colocados na lava-louças. Diana disse, "Deus nos deu lindas mãos e nós devemos fazer uso delas".

Depois os pratos precisavam ser colocados na prateleira e Diana se ofereceu imediatamente porque ela era "mais alta que qualquer um" ali.

A tarde avançava quando Diana contou a eles que este era o dia do aniversário de quinze anos do príncipe William e que ela estava muito ansiosa em rever os seus garotos nas férias. Ela disse que adoraria levar as garotas Khan para o palácio de Kensington por uma semana, prometendo "transformá-las em ladies!". A esposa do professor Jawad, Uzma, retorquiu,

"Como você pode ensinar elas a serem verdadeiras ladies se você mesma não conseguiu ser uma lady!". Obviamente, a história da corrida selvagem no supermercado já era conhecida por todos.

Diana foi embora ao final da tarde. O professor Jawad Khan precisava ir a Londres para comparecer em um encontro e a princesa ofereceu a ele uma carona. Ela perguntou, brincando, "Você não gostaria de dirigir uma BMW 750 nova, com vidros blindados, completa e com uma princesa?", Jawad respondeu no mesmo tom, "Bem, se nós recebermos uma multa de velocidade eu a darei a você!".

Antes de partirem, Uzma deu a ela um cordão de pérolas de presente. Diana prometeu que nunca mais iria tirar do pescoço. Uzma disse, "Ah, mas você tem tantas joias". Diana disse, "Verdade, mas essa foi dada com amor e simpatia".

Uma semana mais tarde, em 28 de junho, Hasnat chegou à Stratford para ver os seus parentes. Ele parecia estar vivendo um tormento, lutando contra seus desejos e vontades e profundamente preocupado com o assunto sobre casar ou não com Diana. Não era somente a imprensa que estava deixando Hasnat ansioso, sua família diz que era também pelo fato de Diana ser uma princesa e ele sentia que não queria ficar sempre em sua sombra.

Como sempre, a conversa se voltou para a questão de por que Hasnat ainda era solteiro. A família, especialmente sua mãe em Lahore, achava que agora que ele estava com 37 anos já era hora de "se estabelecer".

Aqueles que o conheciam diziam que Hasnat Khan adorava crianças e gostaria muito de ter a sua própria família.

Ele era amado pela mulher mais famosa da era moderna, ele sabia, sua família sabia e muitos outros no Paquistão sabiam disso. Mas mesmo assim, ele não se sentia confortável com a ideia de se casar com alguém de um mundo tão diferente.

Para muitos muçulmanos, é claro, a ideia do casamento de Khan com Diana pareceria uma união dos sonhos, um muçulmano casado com a mãe do futuro rei da Grã-Bretanha. Para o Paquistão, em especial, um casamento como este seria motivo de orgulho nacional e Hasnat estava acreditando que talvez outras pessoas quisessem que este casamento acontecesse por motivos pessoais. Fontes próximas à família dizem que ela também não se sentia bem com a ideia de um casamento para o bem de seu país, ele queria um casamento para ele e para sua família, e ninguém mais.

Em Chelsea, onde Hasnat vive, existe uma loja na esquina que é propriedade de uma família paquistanesa. É natural que todo mundo da rua soubesse onde o doutor Hasnat morava e que Diana costumava visitá-lo em sua casa. O dono da loja da esquina dizia para qualquer visitante que aparecia em sua loja para comprar mantimentos, "Fale para o doutor Hasnat se casar com a princesa!". Quando perguntavam o por quê, ele dizia que seria "um orgulho para o Paquistão em todo o mundo!". Era este tipo de opinião que Hasnat sabia que era amplamente compartilhada, e que o fazia se sentir tão desconfortável.

Contudo, fontes confiáveis dizem que no começo do verão Hasnat confidenciou a um parente próximo que estava apaixonado por Diana e que queria se casar com ela. Ele tinha sido muito claro sobre este ponto. Outra fonte diz que Hasnat estava entre a cruz e a espada, que era uma batalha agonizante entre o que ele queria fazer e o que esperavam que ele fizesse, não havia como superar. Era um conflito de culturas, religiões, costumes, tudo era muito diferente. E ela não era nenhuma mulher comum, era a princesa Diana, da família real.

Era um conjunto de circunstâncias desesperador. Mesmo após Diana ter ido ao Paquistão para conhecer os seus pais, Hasnat ainda não havia perguntado a eles se poderia se casar com ela. Depois de três compromissos arranjados, sua mãe poderia estar com o pé atrás, e se ele perguntasse, ela provavelmente não se atreveria a dizer não. Ao mesmo tempo, Hasnat não queria fazer nada que chateasse seus pais.

Na verdade, ele já havia negado para sua mãe que tivesse qualquer interesse romântico em Diana. Isso aconteceu no verão de 1996 na presença do seu tio Ashfaq. A mãe de Hasnat havia perguntado diretamente o que estava acontecendo entre ele e Diana e ele havia negado o seu interesse por ela. Mas esta versão que ele deu à mãe entrava claramente em conflito com o que ele realmente sentia em seu coração, pelo menos foi o que ele relatou a outros membros da família. Isso ilustra bem o quanto importava para ele os sentimentos de sua mãe.

Então, até o final de junho de 1997, Hasnat ainda não havia perguntado aos pais sobre o casamento com Diana. Eles, em contrapartida, não haviam dito "Não", porque ainda não haviam sido questionados. Ainda assim, Hasnat amava Diana e queria se casar com ela, por isso ele estava dividido. Ele queria agradar aos pais e queria fazer o certo para ele e Diana. Mas ele se achava incapaz de dar esse grande passo.

Enquanto Hasnat lutava com estes pensamentos em Nova York, a venda de 79 de seus vestidos, em 25 de junho, provou ser um grande sucesso, arrecadando mais de dois milhões de libras para a caridade no leilão da

Christie's. Um dos vestidos foi arrematado por um fotógrafo londrino chamado Jason Fraser. Ele havia ido a Nova York em nome da revista *Paris Match* para arrematar por 65.000 dólares o lote 4, um vestido de festa na altura do joelho. A revista francesa tinha a ideia de promover uma competição e oferecer o vestido como primeiro prêmio. Fazia muitos anos, desde a última vez que a princesa tinha tido contato com Fraser, mas quando ela o notou fora do leilão, trocaram um aceno cordial. Fraser não sabia no momento, mas ele logo estaria vendo Diana muito mais.

Um amigo dela relembra como estava terrivelmente quente em Nova York naquele dia, sufocantes 35 graus. Quando tudo acabou, Diana voltou à Inglaterra e, é claro, encontrou o céu cinza e a típica garoa. Mas logo que chegou ao palácio de Kensington, ela tirou o seu traje, colocou uma calça jeans e um top e correu para o jardim. Ela simplesmente dançou na chuva, ficando completamente ensopada. Depois, ela correu de volta ao apartamento e disse à sua equipe, "Eu me sinto muito melhor agora".

Ela declarou depois que era quase com se algo tivesse se elevado, mesmo que só por um momento. Diana se sentia livre, não mais um pássaro na gaiola, não mais sozinha, ela havia deixado algo entrar, e apenas naquele momento parecia que a dúvida tinha desaparecido. Pela primeira vez, sua vida parecia estar se abrindo para possibilidades infinitas.

O verão inteiro se apresentava à sua frente e Diana já havia se ocupado fazendo planos para o início da estação. Mas os seus planos ainda eram ofuscados pela frustração.

A busca por Hasnat Khan não estava levando a lugar algum. Ele havia fracassado na tarefa de se comprometer com ela, apesar de saber quão desesperada Diana estava para seguir em frente.

O mês de julho de 1997 foi turbulento para os corações e mentes dos dois. Os acontecimentos iriam levar Hasnat a tomar uma decisão cujas ramificações ele nunca poderia ter imaginado.

Ao final do mês, Diana havia começado um caso fatal com Dodi Fayed, o filho de Mohamed Fayed. Em contraste com o sigilo que cercou seu relacionamento com Hasnat, seu romance com Dodi foi alardeado.

21

DIGA A HASNAT QUE ESTOU VOLTANDO

Em 11 de Julho de 1997, um helicóptero Harrods pegou Diana e seus filhos no palácio de Kensington e voou para levá-los para almoçar na mansão elisabetana de Fayed, Barrow Green Court em Oxted, no condado de Surrey, para depois levá-los ao aeroporto de Stansted, onde eles embarcariam em um jato particular para Nice. De lá, foram levados para o pequeno porto de St. Laurent-du-Var, onde embarcaram em um iate de luxo chamado *Jonikal*.

A bordo do *Jonikal*, eles navegaram pela costa da Riviera francesa até o playground dos milionários de St. Tropez, onde o chefe Harrods era dono de uma casa de campo.

Diana e os meninos tinham sido convidados no final de maio por Mohamed Fayed para as férias, poucos dias depois que ela voltou de Lahore, no Paquistão. A princesa conhecia Fayed há muitos anos, ele tinha sido um amigo de seu falecido pai, o conde Spencer, e sua madrasta Raine atuava na direção da Harrods International.

Fayed já havia convidado Diana outras vezes para passar as férias com ele, mas ela sempre recusava. Este ano foi diferente. Ela estava inquieta após seu relacionamento com Hasnat ter chegado a um impasse. Ela precisava de uma distração e quando a oportunidade de escapar do palácio de

Kensington apareceu, ela a agarrou. No início de junho, ela decidiu aceitar a oferta de Fayed.

Este era o primeiro verão desde o seu divórcio e a principal preocupação de Diana era proporcionar às crianças umas boas férias. Ela achou que William e Harry iriam se divertir na companhia dos quatro filhos jovens de Fayed — Karim, Jasmine, Camilla e Omar. Sua necessidade de privacidade havia sido assegurada por impenetráveis medidas de segurança de Fayed ao redor da vila Castel St. Thérèse, que fica em uma propriedade de dez acres no alto dos rochedos, com uma pequena praia particular no Mediterrâneo.

Fayed havia comprado o iate de 15 milhões de libras, o *Jonikal*, com o objetivo específico de impressionar sua convidada da realeza. Agora ela e seus filhos passavam os dias nadando fora do *Jonikal* ou à beira da piscina na vila. Enquanto Diana permanecesse na propriedade, sua privacidade estava garantida, mas no momento em que se aventuravam ir até à praia privada para andar de jet-ski, vela ou para mergulhar, eles se tornavam alvos para os *paparazzi*, que em menos de 24 horas depois que Diana havia deixado Londres, chegaram em massa na Côte d'Azur e descobriram a localização secreta de suas férias.

Três dias após sua chegada, em 14 de julho, totalmente farta com a intromissão, Diana tomou as rédeas da situação e deu uma coletiva improvisada no mar para a imprensa britânica. Ela disse: "Vocês vão ter uma grande surpresa com a próxima coisa que eu vou fazer".

O que Diana quis dizer com isso? Se a resposta a essa pergunta fosse conhecida, com certeza, muitos dos eventos que ocorreriam ao longo das próximas seis semanas poderiam parecer mais claros. Mas o certo era que ela tinha alguma carta embaixo da manga, Diana estava planejando algo e "usaria" a imprensa ao longo do caminho.

Na mesma "coletiva de imprensa" ela indicou que poderia abandonar a Grã-Bretanha algum dia, porque estava achando o escrutínio da mídia difícil de suportar. Ela disse que a atenção era embaraçosa, e estava com medo de que as férias de seus filhos estivessem sendo estragadas.

Mohamed Fayed percebeu uma solidão e um anseio por companhia em Diana e três dias depois do início das férias ele achou que tinha encontrado a solução. No mesmo dia da coletiva de imprensa improvisada, Dodi Fayed, que estava em Paris com sua namorada, a modelo Kelly Fisher, celebrando o Dia da Bastilha recebeu um telefonema de seu pai, pedindo-lhe para se juntar a eles imediatamente e ajudar a entreter a princesa.

Dodi tinha 42 anos de idade e estava planejando se casar com a sua namorada três semanas depois em Los Angeles, onde já havia comprado uma propriedade com sete acres de 7 milhões de dólares em Paradise Cove, Malibu. A propriedade pertenceu à cantora e atriz Julie Andrews. Sempre atento às vontades de seu pai, Dodi partiu para St. Tropez deixando a noiva de 31 anos de idade para trás.

Dodi, ou Emad, que significa "alguém para confiar", nasceu em 15 de abril de 1955, em Alexandria, no Egito. Sua mãe era Samira Khashoggi, irmã do traficante de armas Adnan Khashoggi. Em 1956, seus pais se separaram depois de apenas dois anos de casamento e a Fayed foi concedida a custódia de seu filho, de acordo com a lei egípcia.

Dodi tinha levado uma existência sem raízes. O 'lar' para o jovem garoto Fayed variava entre uma escola perto de Gstaad, na Suíça, as casas de férias na França e no Egito, ou iates que entravam e saíam de vários portos do Mediterrâneo.

Com 15 anos de idade ele já possuía o seu próprio apartamento em Park Lane, em Londres, um Rolls Royce com motorista e um guarda-costas. Aos 18 anos ele se matriculou em Sandhurst, Escola de Formação de Oficiais do Exército Britânico, mas decidiu que a vida militar não era para ele.

A vida de um playboy e produtor de cinema era convidativa. Ele investiu no musical *Breaking Glass* (1980) e nos filmes *Chariots of Fire* (1981) e *The world According to Garp* (1982). Ele já foi casado, em 1984, com a modelo Suzanne Gregard, mas o casamento só durou dez meses.

Quando ele chegou a St. Tropez, a pedido de seu pai, não foi a primeira vez que Diana e Dodi se encontraram. Eles já haviam se encontrado em uma partida de polo em julho de 1986, quando o casamento de Diana e Charles estava começando a se desintegrar. Em 1992, quando Diana levou os filhos para a estreia do filme *Hook: a volta do Capitão Gancho*, de Steven Spielberg, em Londres, se encontrou com ele novamente. Diana passou a conhecê-lo melhor na primavera de 1997, quando Raine, a sua madrasta, os reuniu em um jantar. Mas isso era tudo, pois eles tinham se esbarrado algumas vezes mas nunca houve nenhuma atração entre eles, e isso poderia ter continuado se Diana não estivesse tão carente de companhia, repleta de frustrações por causa de Hasnat.

Dodi embarcou no *Jonikal* acompanhado de seu guarda-costas Trevor Rees-Jones na noite de 14 de julho. O Amigo de Trevor, Alexander Wingfield, conhecido por seus amigos como "Kez", já estava lá sediado na vila.

Durante os cinco dias em que passaram a bordo do *Jonikal*, Dodi e Diana tiveram muitas conversas íntimas. Ambos vinham de lares desfeitos, e tinham sido separados em tenra idade de suas mães, e ambos haviam sofrido com uma profunda insegurança, como consequência.

Para aqueles que conheciam as suas preferências, Dodi era compatível com a inclinação de Diana para amigos do Oriente Médio e do Oriente. Os Fayed eram egípcios, não asiáticos, mas assim como os Khan, eles eram muçulmanos. Quando passou as férias com os Fayed, Diana experimentou esse abraço caloroso e irresistível de uma grande família que ela tanto valorizava e que era tão diferente das famílias institucionalizadas de sua primeira experiência.

Ela contou à amiga Lady Elza Bowker, "Eu nunca fui tão mimada, tão amada, é maravilhoso sentir esse calor".

Para sua amiga Rosa Monckton ela disse, "É uma bem-aventurança". [10]

Diferente de Hasnat, Dodi não tinha nenhuma responsabilidade diária e podia se dar ao luxo de dedicar todo o tempo do mundo para Diana, isto é, quando ele não estava indo e vindo dos barcos. Em 16 de julho, Kelly Fisher voou de Paris para se juntar a Dodi, mas em vez de ser incluída no grupo principal Fisher ficou em outro iate de Fayed, o *Sakara*. Ao longo dos dois dias seguintes Dodi ficou como um ioiô entre a vila durante o dia e o iate à noite, para ficar com Fisher.

Naquele momento, o encontro de Diana com Dodi era uma distração auspiciosa, um dos pensamentos que estavam em primeiro lugar em sua mente era sobre a festa de aniversário de 50 anos de Camilla Parker Bowles, no dia 18 de julho em Highgrove, a casa em Gloucestershire que foi o primeiro lar que Diana compartilhou com Charles após o seu casamento. Apesar de sua animosidade pública, Charles permanecia uma importante figura em sua vida, mas a sua autoconfiança recém-descoberta significava que ele tinha perdido o controle sobre ela. No entanto, ela às vezes ainda podia se irritar com o pensamento de Camilla estar com Charles.

De acordo com Debbie Frank, "Dodi foi uma pessoa que apareceu na vida de Diana, em julho daquele ano, no momento que ela realmente precisava de uma saída. Ela precisava fugir de seus sentimentos de desespero, que estavam voltando, sobre Camilla e a possibilidade de Camilla e Charles permanecerem juntos".

---

[10] *Requiem: Diana Princess of Wales 1961-1997*.

Naquela manhã de 18 de julho, os tabloides estavam cheios de fotos de Diana nadando, mergulhando e andando na traseira do jet-ski de Harry. Após quase dois anos desviando e se escondendo da imprensa enquanto estava com Hasnat, era um alívio poder ser vista a céu aberto na companhia de alguém. É evidente que ela queria ser vista, ela realmente queria tornar público o seguimento de sua vida.

Em 20 de julho, Diana e os garotos voaram de volta para casa em Londres, em um jato privado da Harrods. Naquela noite, William e Harry foram para Balmoral e Diana sabia que levaria mais um mês até que ela pudesse vê-los de novo. No dia seguinte, Dodi enviou para Diana uma enorme quantidade de rosas e providenciou a entrega de seu primeiro presente, um relógio Panther de ouro maciço que valia quase 7 mil libras.

Os amigos dizem que Diana se importava muito pouco com a enxurrada de presentes que Dodi dava a ela. Ela conversou casualmente com seu amigo Roberto Devorik sobre os presentes. "Eu acho que ela ficou fascinada com Dodi e com sua cultura. Eu disse a ela, 'Meu Deus, eu ouvi que você estava cheia de presentes', e ela disse, 'Bem, você sabe que isso não é o que eu mais prezo na vida'".

Em 22 de julho, Diana era uma das convidadas para a missa de sétimo dia do estilista assassinado Gianni Versace, em Milão. Diana estava sentada ao lado do cantor de rock Elton John e foi vista consolando ele.

Quatro dias depois, no sábado, dia 26 de julho, Diana viajou para Paris para um encontro secreto com Dodi, marcado às presas. Ela se hospedou no Ritz, hotel de Fayed localizado na famosa Place Vendôme, comprado em 1979. A suíte imperial de 6 mil libras por noite havia sido reservada para ela.

Dodi a pegou no heliponto perto da Torre Eiffel e a levou para ver a casa de Windsor, onde o duque e a duquesa de Windsor tinham vivido juntos no exílio desde 1953 até sua morte em 1972, antes de Diana e Dodi jantarem no restaurante de três estrelas Lucas Carton.

Depois de dormir sozinha no hotel, ela tomou o café da manhã com Dodi antes de partir, em 27 de julho, para Londres.

Diana havia feito poucos planos para agosto e podia avistar um mês solitário pela frente. Então, quando ela foi convidada para um segundo cruzeiro de seis dias até a Córsega e a Sardenha a bordo do *Jonikal,* no dia 31 de julho, ela aceitou. Só que desta vez ela ficaria sozinha com Dodi.

Em Londres, Hasnat Khan estava lutando com seus sentimentos, sobre se ele deveria ou não — ou se poderia — se casar com Diana. É evidente que a superação da resistência que ele acreditava que sua mãe sentia, mesmo que ela não enunciasse esses sentimentos para ele, era um problema. Se fosse Appa, por outro lado, a decisão sobre o casamento seria quase com certeza absoluta favorável. Mas Appa era sua avó e não sua mãe.

No início de julho, vários membros de sua família ainda estavam na Inglaterra, de férias, e de tempos em tempos ele os visitava para conversar. Foi durante este período que ele finalmente tomou uma decisão sobre o que fazer com relação à Diana.

Hasnat ainda estava apaixonado por ela e queria muito se casar, mas as ansiedades subjacentes ainda estavam lá e Diana sabia perfeitamente que ele tinha reservas quanto ao casamento, ele havia falado da sua preocupação com a enorme disparidade entre eles, não apenas em termos culturais, mas também em termos financeiros, ele supostamente havia dito a ela que levava para casa um salário mensal de 1.800 a 2.000 libras por mês. Será que ela poderia viver com isso e conviver com ele em seu apartamento de um quarto?

Embora os Pathans estejam nos escalões superiores da sociedade paquistanesa, parece que Khan também tinha reservas sobre o casamento com alguém da condição e da situação de Diana, e particularmente alguém com uma ligação permanente, através de seus filhos, com a família real britânica.

A sua ideia de um casamento perfeito também incluía saber que sua mulher estaria presente para cuidar de toda a sua família e que sempre estaria em casa. O doutor era basicamente um homem de família que precisava de um relacionamento que mantivesse a intimidade e o conforto familiar para que qualquer visitante fosse bem-recebido em uma calorosa residência, não em uma casa de celebridade, mas uma casa de verdade.

Hasnat estava despedaçado, agonizando entre o que ele queria fazer e seus sentimentos e o que era esperado que ele fizesse e a realidade de se casar com a futura mãe do rei da Grã-Bretanha.

No começo de julho, Salahuddin Khan, o marido de tia Matyam e tio de Hasnat, deixou Omar e Jane em Stratford para ir até Londres para ficar com Hasnat por alguns dias.

Salahuddin tinha ido sozinho para Londres de modo que pudesse continuar com o trabalho longe da distração do resto da família em Stratford. Um dia, quando ele estava sozinho no apartamento e ocupado com seu trabalho o telefone tocou. Hasnat já havia saído para o trabalho e ficaria o dia inteiro fora de casa. Slahuddin atendeu o telefone, era Diana. Eles trocaram saudações e, em seguida, Diana pediu para falar com Hasnat. Salahuddin disse-lhe que ele não estava.

Então ela disse: "Diga a Hasnat que eu estou voltando (ela especificou uma data que Salahuddin não conseguia se lembrar, mas parecia ser dia 20), e peça a ele para me ligar à noite". "Parecia que Diana ainda estava envolvida na relação".

Quando Hasnat Khan chegou em casa, Slahuddin transmitiu o recado. Diana ainda estava apaixonada por Hasnat nesta época e mesmo em julho, de acordo com fontes próximas à família do doutor Khan, Hasnat ainda não havia desistido da ideia de se casar com ela; isso é ilustrado, de acordo com a fonte, pelo fato de que ele estava falando em pedir a seus pais para virem até Londres para discutirem sobre o casamento.

Este era evidentemente um grande problema em sua consciência, e o fato de que muitos de seus parentes estavam na Grã-Bretanha naquele momento talvez tornasse as coisas mais difíceis. A presença deles no país com certeza fazia com que ele pensasse mais sobre as ramificações que o seu casamento com Diana traria para sua família no Paquistão.

Sem saber o que fazer, no meio de julho, Hasnat confiou os seus sentimentos a um confidente. Fontes paquistanesas confirmam que o conselho que ele recebeu foi bem simples, ele deveria terminar o relacionamento e seguir com sua vida.

Em 30 de julho, a princesa Diana e Hasnat Khan se encontraram no palácio de Kensington e depois de quase dois anos de união terminaram o relacionamento.

Em 2007, em um inquérito sobre as mortes de Dodi Fayed e da princesa, Rosa Monckton disse que Diana contou a ela que havia sido Hasnat quem terminara o relacionamento, mas a irmã de Diana, Lady Sarah McCorquodale, suspeitava que tivesse sido Diana quem resolveu terminar.

Em 2 de agosto, vários parentes estavam voltando ao Paquistão. Após as despedidas fontes próximas à família disseram que Hasnat recebeu algumas cartas, obrigados e tchaus que as crianças fizeram e queriam que ele entregasse à princesa. Hasnat respondeu que ele não poderia entregar a ela porque "não estava mais se encontrando com ela". Ele não prolongou o assunto além disso, mas disse que as cartas teriam que ser postadas.

Contudo, até hoje a imprensa afirma que Diana e Hasnat se separaram muito tempo antes disso, no início do verão ou mesmo antes. Baseado nesta suposição, o subsequente relacionamento entre Diana e Dodi recebeu uma atenção e uma importância excessivas.

As especulações sobre Diana e Dodi foram baseadas em uma ilusão. O fato é que Hasnat foi um personagem ativo até o final de julho e Diana seguiu mantendo contato com a família de Khan até o final de sua vida. E isso apresenta os eventos que aconteceriam em suas últimas quatro semanas de vida, em uma perspectiva completamente diferente.

O drama final começou a se desenrolar em 30 de julho de 1997.

Diana não iria simplesmente abandonar o seu relacionamento com Khan. No mesmo dia em que o relacionamento dos dois acabou, ela já começava a articular um plano audacioso...

22

ANATOMIA DE UM BEIJO

Logo após o seu encontro secreto com Dodi em Paris, ela voou de volta para Londres. Era um sábado, dia 27 de julho, e ela já havia se preparado para vê-lo de novo na quinta-feira seguinte em um cruzeiro de seis dias a bordo do *Jonikal*.

Três dias depois, seu relacionamento com Hasnat estava "acabado". Contudo, a irmã de Diana, Lady Sarah McCorquadale, disse no inquérito, "Eu suspeito que ela (Diana) rompeu com a esperança de voltar a se unir com ele" (Hasnat). Em outras palavras, o fracasso de Hasnat em se comprometer com Diana pode tê-la deixado sem nenhuma opção além de forçar os acontecimentos de alguma maneira. Certamente isso parece ser o que a motivou nas quatro semanas seguintes. Qualquer leitor de romances que se preze sabe que para conseguir o seu homem de volta a heroína deve deixá-lo com ciúmes e isso era, com certeza, uma arma no arsenal de Diana que ela já havia usado antes.

Dois dias no cruzeiro no *Jonikal*, no sábado dia 2 de agosto, algumas horas antes de Hasnat Khan se encontrar com membros de sua família, uma aeronave carregando um fotógrafo sozinho, um *papparazzo*, pousa no solo da Sardenha. Este era um evento incomum, os *paparazzi* normalmente caçam no mesmo território, mas este era um homem com uma missão solo, sem concorrência.

O seu nome era Mario Brenna. Com 40 anos na época, sediado em Milão, fazia parte do cenário há muitos anos. A palavra *paparazzi*, hoje em dia, invoca todo tipo de imagens negativas, mas Brenna é altamente respeitado no mundo da moda e da alta sociedade do mediterrâneo. Antes do assassinato de Gianni Versace, ele era o fotógrafo particular do estilista e, como tal, tinha permissão de fotografar nas suas festas e distribuir as fotos para revistas de moda e de fofocas em todo o mundo.

Mas isso tudo era passado, menos de três semanas antes o estilista havia sido assassinado e entre os amigos notáveis em seu funeral, no dia 22 de julho, estava a princesa Diana.

Agora ele estava perseguindo o *Jonikal*, tentando tirar fotos de Diana e Dodi a bordo, o qual os jornalistas depois chamariam de "barco do amor", enquanto ele navegava no Mediterrâneo.

Diana estava de volta ao luxo suntuoso do *Jonikal* aparentemente sem se importar com mais nada no mundo. A embarcação tinha 33 metros de comprimento com doze cabines para dormir e, normalmente, era colocada no mar com uma tripulação de 16 pessoas. O iate possuía dois níveis de convés, três salas de estar, uma sala de jantar, uma sala de estar ao ar livre, duas cozinhas, um terraço e até um heliponto. Tomando banho de sol, Diana e Dodi liam seções do *The Times* e do *Daily Mail* um para o outro.[11]

Rene Delorm, o mordomo marroquino de Dodi, que se juntou ao casal no cruzeiro, ficava imaginando sobre o que eles conversavam por tantas horas seguidas. Diana, é claro, também estava bem ocupada com o seu celular oferecendo como sempre um comentário sobre sua vida e seus pensamentos aos amigos.

Mas apesar de Diana estar a bordo do luxuoso *Jonikal*, obviamente se deleitando com a companhia de Dodi, um fato que nunca foi revelado é o de que ela *não* ignorava a presença furtiva de um *paparazzo*. O fato de Mario Brenna estar espreitando, esperando o momento certo, não era um acidente, mas fazia parte de um plano mais amplo.

Fontes confiáveis dizem que Brenna recebeu a informação sobre o *Jonikal* de um colega em Londres — outro fotógrafo, Jason Fraser, que Diana havia encontrado no leilão de seus vestidos, em Nova York.

Fraser, com 33 anos de idade, começou sua carreira vendendo fotos para os jornais locais na mais tenra idade, aos 12 anos, e já havia trabalha-

---

[11] Rene Delorm, *Diana and Dodi: Alove Story*.

do na cobertura de notícias e até de áreas de conflito no Oriente Médio e na Irlanda do Norte. Ele tirou fotos de Margaret Thatcher e de John Major antes de mudar para o mundo mais lucrativo do glamour e do showbiz.

Elegante, impressionante, operador concentrado, com bom senso e habilidades linguísticas, Fraser diz que a maioria das fotos que tira é com o consentimento das pessoas.

Ele era conhecido por receber muitas dicas, em muitas ocasiões, do Dr. James Colthurst, entre os anos 1989 e 1991. Colthurst foi o homem que gravou as memórias de Diana para Andrew Morton, o material que serviu de base para o livro *Diana, Her True Story*, e as dicas que Colthurst recebia e passava para Fraser vinham diretamente de Diana. Tais dicas permitiam que Fraser fosse o primeiro a publicar as notícias sobre os relacionamentos de Diana naquela época.

De acordo com a mesma fonte, nas últimas seis semanas de vida de Diana, Fraser desfrutou mais uma vez do seu círculo íntimo, na verdade, ele recebia mais acesso à vida de Diana do qualquer outra pessoa.

A sequência dos eventos que levariam a uma das mais dramáticas imagens de Diana jamais fotografadas começou em 30 de julho, um pouco antes de ela voltar de sua semana secreta em Paris. Embora tenham surgido teorias em torno das fotos 'do beijo', ninguém foi capaz de demonstrar até agora que as imagens não eram apenas orquestradas, mas que era Diana quem estava por trás de tudo.

Sem nenhum aviso, Fraser recebeu um telefonema. Esta ligação veio de uma pessoa especialmente próxima e leal à Diana. Dodi não estava ciente do plano das fotos que Brenna iria tirar na sequência.

O interlocutor deu a Fraser a informação de que Diana e Dodi tinham saído juntos e contou em qual iate eles estavam. O fotógrafo entendeu, pelo modo que recebeu a dica, que não haveria nenhuma reclamação sobre as fotos que ele iria tirar dos dois juntos. Fraser se recusa a comentar, apenas diz, "Eu estava recebendo informações, mas sob nenhuma circunstância eu revelarei quem eram minhas fontes".

Fraser conversou sobre a informação com Mario Brenna, que possuía um conhecimento da Riviera Italiana que o colocava na melhor posição para agir.

Os locais exatos e a sequência de eventos que cercaram as fotos 'do beijo' nunca haviam sido revelados anteriormente, e são divulgados aqui pela primeira vez.

Um pouco depois de ter chegado, em 2 de agosto, Brenna enxergou o *Jonikal* ancorado em Cala di Volpe, no nordeste da Sardenha. Ele viu uma mulher loira ao telefone enquanto circulava o iate em seu poderoso bote inflável, a 200 metros de distância, mas não tinha certeza se era Diana. Pelas próximas seis horas, das 13 às 17 horas, ele continuou observando o barco, mas não tirou nenhuma foto. Como o sol já estava se pondo, ele decidiu esperar até a manhã seguinte para tirar as fotografias. Logo cedo, na manhã seguinte, por volta das 7 horas, em um domingo, dia 3 de agosto, Brenna voltou ao local em que o barco estava ancorado e vigiou pelas próximas cinco horas. Agora que tinha a certeza de que a mulher loira era Diana, ele estava esperando a oportunidade certa para conseguir tirar uma foto decente, havia passado o tempo todo ao telefone e depois desapareceu convés abaixo. Uma ligação alertando o fotógrafo sobre outra história a uns 8 quilômetros de distância fez Brenna partir em uma pequena viagem para conferir a dica. Para o seu total desalento, quando voltou, duas horas depois para Cala di Volpe, o *Jonikal* havia desaparecido. Desanimado, ele ligou para Fraser para informá-lo e o fotógrafo londrino considerou voar para lá pessoalmente, mas Brenna o tranquilizou, dizendo que tinha a situação sob controle.

Quem quer que estivesse controlando os eventos, era um belo manipulador, pois, embora Brenna e Fraser estivessem agindo por causa de uma dica, só havia uma pequena quantidade de informações sendo transmitida, apenas o suficiente para que os fotógrafos tivessem que tentar adivinhar e desse a aparência de uma perseguição. O resultado final: fazer parecer que não havia dica nenhuma.

Naquela noite de domingo, Brenna recebeu a informação, muito bem-vinda, de uma namorada, que Diana e Dodi tinham sido vistos andando pelas lojas de Porto Cervo, então, o fotógrafo sabia que o barco deveria estar por perto. Na manhã seguinte, 4 de agosto, Brenna acordou às 6h, em ponto, e começou a procurar pelo barco em seu bote poderoso. Ele estava com sorte. Mario Brenna colou no barco novamente e, desta vez, partiu para a ação. O *Jonikal* zarpou para a Córsega às 10h, em ponto, e Brenna estava determinado a não perdê-lo de vista; acompanhou navegando a 20 milhas náuticas por hora. Entre a Sardenha e a Córsega, o *Jonikal* parou em Isola Piana, no extremo sul da Córsega, e Diana e Dodi entraram em um bote e saíram para nadar nas águas rasas. Aqui as primeiras fotos do "beijo" foram tiradas.

Em seguida, o casal partiu em seu próprio bote, que tinha um motor de popa, e depois de um tempo, eles desligaram o motor e flutuaram nas águas rasas em torno de Ille Cavallo. Brenna, enquanto isso, tinha esbarrado em alguns amigos italianos de férias na área com suas famílias e havia pedido para se juntar a eles em seu barco. Era uma cobertura perfeita. Enquanto Diana e Dodi tomavam banho de sol no bote, Brenna tirou uma sequência de fotos a uma distância de, no máximo, 20 metros.

Diana tinha um sexto sentido que descobria quando uma câmera era apontada para ela.

"Ela tinha um instinto impressionante para perceber quando uma câmera era apontada para ela. Ela simplesmente sabia", dizia um de seus contatos. Realmente, olhando para a sequência que mais tarde seria chamada de as fotos "do beijo", existe uma foto em que Diana parece estar olhando direto para a câmera. As alças do seu maiô preto e branco estão penduradas de modo provocador, quase como se ela tivesse sentido que Brenna estava lá tirando fotografias e, mesmo assim, ela não estava tentando esconder o rosto, que era a sua reação natural quando abordada por fotógrafos indesejáveis. Ao contrário, ela continuava sem se perturbar com sua aparente percepção de que as fotografias estavam sendo tiradas.

Uma hora depois, na hora do almoço, Diana e Dodi voltaram para o *Jonikal* e Brenna continuou perseguindo o barco pelo resto da tarde. O barco agora estava ancorado no Punte de Soprano e Brenna tentou se aproximar do *Jonikal* com seu bote pequeno, mas achou que estava muito visível e voltou para terra. Depois, ele subiu em algumas rochas e colocou na sua câmera lentes ultrapoderosas Canon de 800 mm e esperou. Por volta das 5 horas daquela tarde, o casal apareceu de pé no convés do barco. Brenna tirou uma sequência de fotos a uma distância de aproximadamente 500 metros. Esta se tornaria a famosa série de quatro fotos do "beijo". Elas mostram Diana em um maiô vermelho floral com os braços em volta de Dodi, sem camisa, e os dois estavam unidos em um abraço carinhoso. Apesar das fotos terem ficado muito granuladas, porque Brenna estava operando no limite das capacidades técnicas, elas estavam prestes a desencadear uma tempestade.

Tendo completado sua missão, Brenna pegou o primeiro voo para Paris e foi imediatamente revelar as fotos antes de embarcar em um avião para Londres. Chegando à casa de Jason Fraser, os dois colocaram as fotos no chão da cozinha e brindaram ao seu sucesso. Na quarta-feira, 6 de agosto, o boato de que as fotos de Diana e Dodi se beijando apaixonadamente estavam disponíveis começou a vazar, e até quinta-feira a Rua Fleet estava em um frenesi. Fraser estava recebendo ligações em um ritmo de 30 por hora e editores fotográficos estavam batendo em sua porta, desesperados para falar sobre as fotos. A guerra de lances entrou em ação, e terminou com o *Sunday Mirror* pagando 1/4 de milhão de libras pelos direitos da primeira exibição de 3/4 das imagens, e o *Sun* e o *Daily Mail* pagando 100 mil libras cada pelos direitos de exibir depois o conjunto completo.

O que apareceu no domingo seguinte, 10 de agosto, não foi somente uma primeira página padrão, mas o caso clássico de "uma foto que vale mais que mil palavras". Esse não era só mais um "amasso", era o verdadeiro "romance".

As fotos nebulosas mostravam Diana e Dodi se beijando e seriam usadas como "prova" de que os dois estavam se amando: 'Fechada nos braços de seu amante a princesa encontra a felicidade finalmente' era o subtítulo sob a manchete de cinco centímetros de espessura, em que se lia "O Beijo".

Mais tarde, naquele mesmo mês, nos últimos 10 dias da vida de Diana, Fraser acumulou mais seis primeiras páginas com imagens da princesa somente no mercado de jornal do Reino Unido.

Às 9h50 da noite de 21 de Agosto, 11 dias depois que as fotos do beijo tinham sido publicadas, Diana e Dodi chegaram no sul da França para o início de seu segundo cruzeiro juntos. Eles haviam voado do aeroporto de Stansted para Nice no jato de Fayed, e de lá foram levados por um Range Rover e uma Mercedes para um canto deserto do porto de St. Laurent-du-Var. Fraser já estava esperando no cais em St. Laurent-du-Var, juntamente com dois colegas da principal agência fotográfica do showbusiness na França, Eliot Press.

Apesar do fato de que havia literalmente centenas de outros membros astutos e financeiramente motivados da imprensa atrás deles, de alguma forma, Fraser sempre era o único a obter a imagem. Ele estaria na posição certa ao mesmo tempo em que o casal chegava em qualquer lugar, ou até mesmo antes. Na noite do dia 21 de agosto, ele estava na posição certa duas horas antes de Diana e Dodi chegarem ao pequeno porto francês.

Era impossível para ele saber dos movimentos do casal com este grau de precisão a menos que ele tivesse sido avisado.

O casal foi fotografado sob a cobertura da escuridão enquanto embarcavam no barco que os levaria até o *Jonikal*. Existe um olhar genuinamente surpreso no rosto de Dodi quando ele percebe que os seus planos de férias secretas de algum modo foram descobertos. Diana é mostrada olhando para o outro lado.

Ao longo dos oito dias seguintes, Fraser foi capaz de tirar todas as fotos que ele queria do casal a bordo do *Jonikal* enquanto navegavam de St. Laurent-du-Var para St. Tropez depois para St. Jean-Cap-Ferrat, passando a noite em Mônaco antes de navegar para Portofino e para a Sardenha.

Fontes dizem que em contraste com os acontecimentos que levaram às imagens do beijo original, quando Fraser estava sendo alertado apenas através de um intermediário, em 24 de agosto — terceiro dia no segundo cruzeiro — a informação que Fraser estava recebendo estava vindo de uma fonte mais direta.

É compreensível que Fraser, que devia conhecer quem era a fonte intermediária, foi pego totalmente de surpresa quando a próxima ligação veio não de um intermediário, mas da própria Diana. Fraser percebeu que uma mudança fundamental aconteceu, e depois do dia 24 de agosto se revelou um novo modo de receber as informações. As conversas com ele em seu celular eram mais ou menos assim, "Você está aí? Você está pegando isso? O que você conseguiu capturar agora?".

O barco estava ancorado no exclusivo resort italiano de Portofino quando a famosa sequência de Diana e Dodi se acariciando em uma cama de almofadas amarelas no convés superior do Jonikal foi tirada. Diana estava usando um maiô azul, que colocou depois de retirar uma roupa amarela, e, às vezes, tinha uma toalha amarela em volta de sua cintura. Dodi usava uma bermuda amarela, e é visto acariciando o rosto e os ombros de Diana. Na manhã seguinte, 25 de agosto, enquanto o fotógrafo aparentemente estava em seu quarto no hotel, fontes dizem que Diana ligou após as fotos serem publicadas e perguntou porque elas estavam tão granuladas.

Fontes também sugerem que apesar de apenas Diana saber sobre a primeira série de fotos do "beijo", nos últimos dias os dois sabiam que as fotos estavam sendo tiradas.

O que isso indica é que, no final, Diana e Dodi sabiam o que estava acontecendo, ambos queriam mostrar o relacionamento — mas por razões muito diferentes! Dodi de modo que pudesse se vangloriar ao mundo que ele estava com uma mulher famosa, e para satisfazer os desejos de seu pai, Diana, ao que parece, tinha suas próprias razões, bastante diferentes.

Fraser se recusa a dizer como ele foi capaz de tirar essas fotos tão facilmente. Ele só assumia que estava recebendo informações corretas e precisas.

O procedimento da captura das imagens continuou até 28 de agosto, momento em que Fraser ouviu que havia fotos suficientes e não era necessário tirar mais. Por isso o fotógrafo não estava em Paris quando o acidente fatal aconteceu.

As fotos do beijo e aquelas que se seguiram no final do mês obviamente tinham sido deliberadamente orquestradas. Sendo assim, só podem ter sido concebidas para enviar uma mensagem.

É um fato que Diana manipulou a imprensa, ela tinha um histórico de usar fotos para enviar mensagens. Ela fez isso em fevereiro de 1992, em frente ao Taj Mahal, e no final daquele ano, na frente das pirâmides de Gizé, no Egito, para citar apenas duas ocasiões. Ela também sabia por longa experiência a melhor forma de evitar a imprensa quando não queria que uma foto sua fosse tirada.

Seu método operacional geralmente envolvia um amigo de confiança ou um intermediário que repassava informações para a imprensa. Este era com frequência James Colthurst, até 1992, e em seguida, Simone Simmons, até março de 1997. Ela também usava um repórter privilegiado da imprensa como um conduíte para novas histórias, muitas vezes Andrew Morton, ou, em anos posteriores, Richard Kay.

Toda a evidência confirma que Diana era a fonte das dicas para as fotos do beijo.

Então, ela precisava ter um motivo para que essas fotos fossem tiradas. Parece evidente, considerando o momento em que foram tiradas, que só pode haver um motivo: para revelar os verdadeiros sentimentos de Hasnat Khan, a fim de tentar reconquistá-lo.

O momento da dica para Jason Fraser, que segundo fontes foi de 30 de julho, nos permite concluir que Diana estava pensando em usar as férias para enviar uma poderosa mensagem à Hasnat Khan.

Em todos os seus relacionamentos, Diana gostava de estar no controle. De acordo com Lady Elsa Bowker, Diana havia perseguido Khan com tanto vigor apenas porque ele parecia inalcançável, quanto mais distante ele estava mais ela o queria. Agora que parecia que ele estava escapando dela para sempre, o seu desejo de estar com ele nunca havia sido tão forte, e ela estava fazendo tudo o que podia para reconquistá-lo.

Mas poderiam suas ações no planejamento das fotos do beijo terem sido motivadas por vingança contra Hasnat por tê-la abandonado? Roberto

Devorik diz, "Se você está me perguntando se ela saiu com ele (Dodi) para se vingar com um outro relacionamento — de jeito nenhum. De jeito nenhum. Essa não era a mentalidade de Diana e ela nunca fez isso antes".

Apesar de Diana não ser do tipo de pessoa vingativa, ela sabia por experiência própria que as histórias na imprensa *poderiam* dar lugar à uma resposta emocional de Hasnat: a notícia de Sydney em novembro de 1996, quando ela negou o relacionamento, irritou Khan, e mais pertinente ainda foi a sugestão nos jornais de junho de 1997, de que poderia existir um romance entre ela e Gulu Lalvani, que também fez com que Hasnat reclamasse bastante.

Apesar de não ser uma pessoa que demonstra os seus sentimentos, Hasnat Khan não era um homem superficial e aqueles que estavam próximos observaram que foi por um sentimento de desamparo e não de falta de amor que ele achou que não podia se comprometer com Diana. Ela calculou, portanto, que suas fotos beijando abertamente outro homem muçulmano poderiam gerar uma revolta e talvez até mesmo um ciúme que poderia trazê-lo de volta para ela.

Existem mais evidências para ilustrar a aprovação de Diana pelo tipo de imagens que estavam sendo utilizadas, e como ela estava sendo descrita. Considerando que é evidente que Diana ficou muito chateada ou apenas preocupada com as outras fotografias tiradas, as fotografias do beijo, provavelmente, as imagens mais dramáticas de toda a sua vida, foram recebidas sem nenhuma surpresa.

Em 8 de agosto de 1997, Diana voou para a Bósnia, como parte de sua contínua campanha para eliminar as minas terrestres. Ela partiu de Londres em um jato particular pertencente ao especulador financeiro George Soros, com destino a Sarajevo.

Diana tinha sido forçada a desfazer os seus planos originais após a divulgação constrangedora de que a Presidente da Cruz Vermelha local na Bósnia era a esposa do criminoso de guerra Radavan Karadzic. No entanto, ela rapidamente encontrou novos patrocinadores na Rede de Sobreviventes de Minas Terrestres e na Ajuda Popular da Noruega, duas organizações dedicadas às vítimas de minas terrestres.

Enquanto esteve na Bósnia, ela ficou hospedada em um alojamento privado com a família Erikson nas colinas em Tuzla. Nenhum dos hotéis da região foi considerado adequado, e a família estava recebendo inquilinos da Cruz Vermelha. Diana chegou acompanhada por dois oficiais de polícia da Scotland Yard, pelo seu mordomo Paul Burrell e pelo colunista do *Daily Telegraph*, Lord Deedes.

Sandra Erikson, cujo marido trabalhava para a Ajuda Popular da Noruega, se lembra de Diana em pé na parte inferior do seu jardim falando ao telefone por satélite com frequência durante este período. Ela se lembra de ouvir conversas em que Diana estava claramente falando com Dodi Fayed. Não era realmente surpreendente que os dois estivessem conversando porque as fotos do beijo explodiram na imprensa dois dias depois que ela chegou à Bósnia, e os jornalistas do mundo inteiro estavam agora em polvorosa.

Embora Diana estivesse preocupada que as imagens pudessem desviar a atenção da imprensa da sua causa, ela estava lá para promover, e parecia curiosamente não se preocupar com a revelação de seu caso publicamente na imprensa.

No voo de volta da Bósnia, Diana examinava a cobertura jornalística. Talvez ela estivesse olhando para descobrir o que eles estavam dizendo sobre a sua visita, mas ela estava totalmente tranquila com o que realmente estava diante dela. Era a imagem do beijo com todos os detalhes visuais, legendas e comentários.

23

Preste atenção, eu não estou à venda!

....

E o seu relacionamento com Dodi? Em 15 de agosto, Diana voou para a Grécia para passar umas férias com sua amiga Rosa Monckton. Rosa é uma mulher articulada e confiante, casada com Dominic Lawson, editor do *Sunday Telegraph*, e seu avô, Walter Monckton, foi o conselheiro do rei Edward VIII e o ajudou a escrever o seu famoso discurso de renúncia.

As duas mulheres primeiramente foram colocadas em um voo da Olympic Airways, mas alguns dias antes da partida, Diana ligou para Rosa dizendo que Dodi achava melhor elas usarem o jato particular de Fayed. A bordo da suntuosa aeronave Diana comentou, rindo, "Olhe para tudo isso Rosa, não é horrível?", enquanto se sentavam em poltronas de pelúcia cor-de-rosa, seus pés desapareciam no carpete verde estampado com cabeças de faraós.

Não foi a única vez durante essa viagem que ela mostrou sua antipatia pelas coisas materiais. Como Monckton escreve no *Requiem*, Diana se sentia muito irritada sempre que Dodi enumerava uma lista de presentes que ele tinha comprado para ela. "Isso não é o que eu quero Rosa, me deixa muito desconfortável. Eu não quero ser comprada, eu tenho tudo o que quero. Eu só quero alguém em quem eu possa confiar para me fazer sentir segura e protegida".

Na visão de Roberto Devorik, Diana não era o tipo de pessoa que espera receber presentes, lindos brincos ou relógios, em sinal de amor. Para ela o amor era representado por ações e sentimentos e por uma genuína preocupação com ela. "Eu conhecia Dodi", diz Devorik, "ele era o típico garoto oriental que gosta de tratar suas mulheres de uma maneira generosa e extravagante. E Diana nunca se sentiu confortável com a extravagância".

De acordo com Lady Bowker, a reação de Diana aos presentes era rude. Quando Dodi insistia em dizer, "Eu vou te dar essa joia... Eu vou te dar isso... Eu vou te dar aquilo", ela virava para ele e afirmava: "Preste atenção, eu não estou à venda!".

Diana retornou da Grécia para Londres no dia 21 de agosto, mas voou outra vez naquela mesma noite do aeroporto de Stansted para Nice, para o seu segundo cruzeiro com Dodi Fayed a bordo do Jonikal. Desta vez, a viagem estava programada para durar dez dias. Enquanto o barco cruzava de St. Laurent-du-Var para St. Tropez, para St. Jean-Cap-Ferrat, para Mônaco, Portofino e a Sardenha, Jason Fraser continuava a tirar várias fotografias que dominariam as primeiras páginas.

Os argumentos que sustentam um possível plano de casamento de Diana e Dodi são basicamente três: que houve uma proposta, que havia um anel, e que o casal havia encontrado uma casa em que queria viver. Os movimentos de ambos foram analisados de todos os pontos de vista e não provaram nada. Somente um exame minucioso das conversas que Diana teve nas últimas semanas de sua vida pode apresentar indícios do que estava realmente acontecendo.

Viciada em celular, Diana manteve os seus hábitos telefônicos durante o período em que ficou a bordo do Jonikal; ela mantinha os seus amigos organizados separadamente, em compartimentos, e para todos eles, naquele derradeiro mês de agosto, havia uma linha consistente com a qual todos concordam, como testemunhas independentes: Diana considerava o seu relacionamento com Dodi um 'romance de verão' e nada mais.

Embora, sem dúvida, ela gostasse de sua companhia e precisasse da presença de outra pessoa, depois que seu relacionamento com Hasnat Khan terminou, as conversas de Diana com seus confidentes na sua última semana de vida revelam evidências de que ela nem estava apaixonada por Dodi nem pretendia se casar com ele.

Uma destas confidentes era alguém que deveria passar as férias com Diana durante aqueles últimos dias de sua vida. Diana havia planejado originalmente passar as férias do final de agosto não na Riviera Francesa ou em Paris, mas em Milão, com sua amiga Lana Marks.

Nascida na África do Sul, Lana Marks havia sido apresentada à Diana pela mulher do embaixador brasileiro em Washington, Lucia Flecha de Lima, em junho de 1996. Marks é uma designer de acessórios especializada em bolsas e cintos.

A ideia era que ela comparecesse a vários compromissos na América acompanhando Diana, com a esperança de fazer a amiga se sentir mais à vontade com a presença constante de um rosto familiar. As duas se conheceram no palácio de Kensington, em outubro de 1996, e rapidamente se conectaram; logo depois, começaram a se falar pelo telefone umas duas vezes por semana, apesar de, às vezes, falarem até três vezes no mesmo dia, demorando cerca de 45 minutos em cada telefonema.

Marks e Diana tinham falado algumas vezes em passar algum tempo juntas em algum lugar da Europa. Finalmente, no verão de 1997, Diana conseguiu um tempo livre em sua agenda, entre os dias 25 e 28 de agosto. O hotel Four Seasons, em Milão, chegou a ser reservado para duas noites. As duas haviam planejado ir à ópera no La Scala, antes de visitar o Lago de Como, na última noite.

As passagens de avião haviam sido reservadas, e estava tudo pronto para a viagem. Contudo, em 24 de julho, o pai de Marks faleceu repentinamente em consequência de um ataque cardíaco, e ela teve que viajar para o seu funeral, na África do Sul. Ela ligou para Diana no começo de agosto e disse que teria que cancelar a viagem porque levaria algum tempo para resolver os seus assuntos. Então, quando o convite para uma segunda viagem com Dodi apareceu, Diana poderia não apenas aceitar como também estender a viagem até a última semana de agosto por causa do repentino espaço em sua agenda. Ironicamente, se o passeio com Marks tivesse acontecido, Diana muito provavelmente estaria de volta a Londres com os seus filhos em 30 de agosto, e não em Paris.

No entanto, Diana manteve contato com Marks pelo celular para saber como ela estava lidando com as coisas e também para comentar com ela as novidades. Ela ligou para Marks da Riviera Francesa em 23 de agosto, uma semana antes de sua morte. A conversa girou em torno do relacionamento de Diana com Dodi e a princesa compartilhou seus pensamentos. Marks se lembra, "Diana me contou sobre sua amizade com Dodi Fayed e disse que era muito difícil para ela ficar sentada em casa naquele verão 'olhando para as quatro paredes do palácio de Kensington'. Estas foram as suas palavras exatas. E quando ela viu essa oportunidade, este novo convite para voltar ao sul da França, achou que iria se divertir".

Voltando a questionar sobre o que ela e Diana falaram por telefone na época, Marks diz, 'Diana não estava apaixonada por Dodi Fayed. Não! Diana me disse que passou momentos muito agradáveis com ele. Eles podiam conversar e ela o achava muito caloroso, mas não era nada além disso. Diana era o tipo de pessoa que, se ela permitisse que você entrasse em sua vida, seria muito carinhosa. Ela jogaria os braços em volta de você. Ela abraçaria, beijaria, seria sensível, amável, doce e calorosa, então, quando a imprensa a viu com Dodi, que era um belo cavalheiro, e viu como ela o abraçava e beijava, logo se convenceram de que era romance, quando na verdade não era, tudo o que ela estava fazendo era curtindo um lindo verão e se divertindo com um lindo cavalheiro.

"Mas ela sabia que o verão estava chegando ao fim e me disse que estava ansiosa para voltar ao palácio de Kensington para ficar com seus filhos, e que ela estaria então por conta própria, se preocupando com a próxima caridade com que ia se envolver e que Dodi seria um capítulo do passado em sua vida'.

Enquanto a imprensa do mundo estava perseguindo Diana e Dodi no mediterrâneo, a princesa ainda estava mantendo contato com a família Khan. Isto é extremamente revelador, considerando que o relacionamento deles havia 'acabado' no final de julho. Isso sugere que ela não tinha abandonado toda a esperança de uma reconciliação.

O professor Jawad Khan e sua família ainda estavam de férias em Stratford-upon-Avon e Diana havia planejado voltar e ficar com eles logo que retornasse do sul da França, em 31 de agosto.

Ela estava mantendo contato com eles para falar sobre os seus planos de férias de verão, e até pediu para que Jawad a deixasse levar os seus dois filhos mais novos junto com os dela quando as férias planejadas com a família de Fayed estivessem terminadas, em julho. Jawad pensou sobre isso, mas, ao final, disse "Não". Diana estava acostumada a discutir sobre os assuntos do coração com Jawad, muitas vezes brincando sobre o que a imprensa estava dizendo sobre ela.

Diana estava ao telefone com o professor Jawad outra vez, com um tom em que parecia estar se desculpando. Jawad não se lembra da data exata do telefonema, mas disse que era em torno de uma semana antes da morte de

Diana. O que ele tem certeza é que foi após as infames fotos do beijo que ele havia visto. Referindo-se às fotos, Jawad disse para Diana, "Você está tentando deixar Hasnat com ciúme? Isso é uma estupidez, não vai funcionar, o tiro sairá pela culatra!" Diana se esquivou da pergunta, dizendo, "Não está acontecendo nada". Ela disse, "Eu conheço a família (de Dodi) há muito tempo, eles eram amigos de meu pai, e eu também conheço Dodi há muito tempo, não está acontecendo nada. Vejo você na próxima semana e então conversaremos sobre isso".

Apesar de toda a especulação sobre um compromisso com Dodi nos jornais, Diana queria tranquilizar a família de Khan dizendo que 'não está acontecendo nada'.

Diana repetiu estes pensamentos para o seu grande amigo Roberto Devorik, que falou com ela em 28 de agosto, apenas três dias antes de sua morte. "Ela me ligou do celular. Eu acho que ela estava perto de Portofino. Eu ouvi sua voz, soava tão positiva, tão vigorosa. Ela me disse, 'Eu estou me divertindo muito'. Eu disse, 'É, eu posso ver. O que significam todos esses beijos na frente do resto do mundo? Eu te deixo sozinha por um minuto e saio para organizar esta festa e agora eu vejo esse seu grande romance! Quer dizer que eu tenho que chamar Christian Lacroix e pedir para ele fazer um novo vestido de casamento para você?'". Diana respondeu (como de costume, ela sempre dizia para mim "Não comece"), "Não comece, você é latino, deveria saber o que significa um romance de verão!". "Eu conhecia Diana muito bem, se o Sr. Fayed me escutar vai ficar muito desapontado, Dodi era um homem charmoso, mas Diana iria decidir em um mês, dois meses ou três meses a se casar. Teria sido uma grande surpresa para todos nós que a conhecíamos. Uma grande, grande surpresa".

Alguns dias antes, Diana fez sua última ligação para Lady Elsa Bowker. Lady Bowker estava em seu pequeno quarto assistindo à TV sem nenhum interesse em particular quando de repente ela vê Diana na tela, retratada com seu maiô, carregando um par de chinelos em uma mão e o celular na outra. Ela estava acompanhada por Dodi.

Lady Bowker escuta o telefone tocando repentinamente, e isso a irritou porque ela não queria ser interrompida. No entanto, ela atendeu e ouviu uma voz forte, dizendo, 'Elsa'. Lady Bowker perguntou, 'Quem é você?' E a voz retruca, 'Como você pode perguntar quem eu sou? É Diana!' Lady Bowker perguntou o que ela havia feito com a voz, porque pareceu muito diferente, muito forte. Diana disse, 'Está forte porque eu sou uma mulher muito forte agora, não tenho medo de nada'. Bowker, então, perguntou, 'Você vai se casar?', depois riu e disse, 'Será que eu devo falar em árabe com você agora, o que acha?', Diana também riu e respondeu, 'Elsa, eu estou voltando, vou te ver na quinta-feira (Diana havia programado voltar mais cedo) e aí nós conversamos'. Lady Bowker diz, "Eu sabia o que isso significava, 'Não, eu não vou me casar, definitivamente não!' E eu tenho certeza que ela nunca teria se casado com ele porque se esta fosse a sua intenção, ela teria me dito ao telefone'.

No dia anterior ao acidente, Lady Annabel Goldsmith falou com Diana pelo telefone. Lady Annabel perguntou como estavam as coisas. Diana disse a ela que estava tendo uma estadia maravilhosa, mas que a última coisa que ela precisava era de um novo casamento.[12]

Pode-se argumentar que Diana não teria pressa para contar a seus amigos sobre um compromisso, sabendo que a maioria deles não aprovaria. É possível que ela pudesse estar esperando voltar para a Inglaterra antes de dar a notícia aos amigos e familiares. No entanto, se houvesse qualquer indício de aprovação de apenas um desses amigos sobre Dodi, Diana teria dito a eles seus planos. Não consideraram então que Roberto Devorik que achava Dodi 'um homem charmoso' e Lana Marks que chamava Dodi de adorável cavalheiro ouviram somente que ela estava curtindo um caso de verão, e passando 'momentos adoráveis'. Também não fazia o menor sentido ela continuar ligando para a família Khan dizendo a eles que 'não estava acontecendo nada' e planejando vê-los depois que retornasse da França se ela tivesse a intenção de se comprometer com Dodi.

Se ela não estava se preparando para apertar o nó do casamento com Dodi Fayed o que os amigos de Diana achavam que ela estava fazendo no último verão? É opinião de muitos deles — mesmo sem saber da orquestração das fotos do beijo — que mostrar sua afeição por Dodi tão publicamente era uma tentativa de provocar ciúme em Hasnat Khan, para reconquistá-lo e obrigá-lo a se comprometer.

Imran Khan diz que ficaria muito surpreso se um sentimento tão profundo como o que ela nutria por Hasnat tivesse acabado tão rapidamente. Apenas alguns meses antes ela havia demonstrado um enorme comprometimento com ele em Lahore. Afinal, Diana esteve envolvida com Hasnat Khan por dois anos e tinha passado meros 26 dias com Dodi. Lady Elsa

---

[12] *Sunday Telegraph*, 15 de fevereiro de 1998.

Bowker diz, 'Eu tive a sensação, não posso provar nada, que o relacionamento com Dodi era uma tentativa de provocar ciúmes em Hasnat Khan'.

Parece evidente que do ponto de vista de Diana ela ainda tinha esperanças de que houvesse um futuro para sua relação com Hasnat. Ela estava fazendo tudo o que podia para que um membro sênior da família Khan soubesse que sua relação com Dodi não era séria. Para que fazer isso se ela não estivesse interessada em Hasnat? Houve, com certeza, muitos acontecimentos que mostram que era muito cedo para ela estar tão apaixonada por outra pessoa e para que todos os seus pensamentos sobre o seu relacionamento de dois anos e suas tentativas de se casar na família Khan fossem esquecidos tão facilmente.

Após a chegada de Diana no sul da França para ficar na casa de Fayed em 14 de julho, os eventos que se seguiram ocorreram em uma velocidade vertiginosa e para alguém como ela, que estava em uma posição vulnerável, era muito fácil ser arrastada por tudo isso. O destino não deu a Diana o luxo de permitir que a poeira baixasse ou a oportunidade para uma calma reflexão. Por essas razões, o máximo que se pode dizer com segurança sobre esses últimos 26 dias com Dodi é que Diana estava curtindo pelo que realmente representavam. Outro amigo de confiança se expressa assim. "Ela adorava fazer parte da família de Dodi como também queria fazer parte da família de Khan. Mas eu acredito que ela voltaria de suas férias com Dodi e voltaria para Hasnat e ele a teria aceitado".

24

A Missão de Resgate

Existe uma última peça do quebra-cabeças que Diana estava colocando no lugar e que pode ajudar a esclarecer as suas ações e o seu estado de espírito. Ela também adiciona uma terrível pungência à maneira trágica que os eventos se desenrolaram.

O que não se sabia até agora é que Diana havia depositado suas esperanças em uma última tentativa de reconquistar Hasnat. Mesmo enquanto ela compartilhou momentos íntimos com Dodi no sul da França, o plano traçado estava começando a ganhar corpo.

Antes de partir do Paquistão, no final de maio de 1997, ela teve uma conversa sincera com Imran Khan ao final de sua viagem de dois dias à Lahore. Aconteceu durante sua estadia na casa de Imran e Jemima depois do encontro com a família de Hasnat. Ela esperava ter deixado uma boa impressão.

Sentada com Imran Khan, ela revelou os seus verdadeiros sentimentos por Hasnat Khan. Disse que estava desesperada para que seu relacionamento com Hasnat Khan desse certo. "A princesa Diana queria se casar com ele, ela realmente havia decidido que *ele era o homem* com quem ela queria viver", diz Imran.

Diana contou a Imran que Hasnat Khan estava se mostrando difícil de convencer. Ele não queria a publicidade, queria levar uma vida privada. "Ela continuou dizendo que ele era muito tímido e que não queria estar em um casamento cercado pela mídia todo o tempo".

Enquanto falava a respeito de seus sentimentos à Imran Khan, ela admitiu que não se sentia próxima de ninguém. Ao mesmo tempo, demonstrou sua frustração por Hasnat parecer tão evasivo.

Ouvindo-a falar desta forma, Imran ficou muito triste. Ele disse que ela parecia "tão triste" e "tão sozinha". Ouvindo somente um lado da história ele não podia compreender porque Hasnat estava relutando em se comprometer. Por isso ele se ofereceu para agir como intermediário, falando com Hasnat Khan na tentativa de fazer o relacionamento avançar.

O encontro, em Londres, era para um bate-papo amigável de homem para homem, baseado nos sentimentos e problemas compartilhados. Imran tinha a experiência de um casamento fora de sua cultura e sentia que se pudesse falar sobre alguns problemas e dar alguns conselhos, talvez ajudasse. No mínimo, ele seria capaz de descobrir a verdadeira razão para o impasse, porque poderia haver algo por trás das evidentes preocupações de Hasnat que Diana não estivesse ciente.

Agindo em nome de Diana, Imran Khan estava se preparando para sua missão em uma viagem planejada para o último verão em Londres. Mas antes que Khan pudesse empreender a viagem surgiu a notícia do acidente em Paris. Foi a última reviravolta em um conto cheio de terríveis ironias. "Eu precisava ir a Londres, eu tinha mesmo que ir a Londres de qualquer modo, mas antes disso, infelizmente, aconteceu o trágico acidente", disse Khan.

25

SEU ÚLTIMO AMOR

A maioria daqueles que conheciam Diana intimamente acreditava que o relacionamento com Hasnat Khan havia sido, para ela, muito mais sério do que jamais seria com Dodi. Ela dedicou muito tempo para conhecer a família dele e para descobrir um meio de se mudar para o exterior e conviver com uma cultura diferente. Imran Khan atesta o amor de Diana e o seu desejo de se casar com Hasnat; ela chegou a comentar com o professor Christian Barnard sobre a possibilidade de ter filhos com o médico.

Hasnat Khan realmente amava Diana e queria se casar com ela. Para ele, o único problema era o fato de ela ser a princesa de Gales. Uma das coisas que ele mais gostava em sua personalidade não era o seu título ou seu status, mas a empatia que ela tinha com os pacientes que ele tratava. Ela era uma pessoa que compartilhava sua paixão em cuidar dos doentes. No final, o abismo entre eles era grande demais para Khan superar em sua própria mente, mas isso tinha menos a ver com a religião ou a cultura e mais a ver com a "bagagem" de Diana. Embora a mãe de Khan pudesse ter sido considerada a principal causadora do fim do relacionamento, em última análise, ela era apenas uma pequena parte da equação. Khan estava completamente ocidentalizado e o mais significativo era o fato de ele já haver mostrado aos pais que não se casaria contra a sua vontade.

Diana já havia modificado sua rotina para provar a Hasnat que ela conseguiria "se adaptar", e acreditava, talvez um pouco ingenuamente, que uma mudança para o exterior significaria que a atenção da imprensa seria menos intensa. Certamente, Diana estava planejando passar mais tempo com a família de Hasnat em Stratford-upon-Avon.

Depois da tentativa frustrada de convencê-lo de que uma vida a dois poderia funcionar, ela recorreu a medidas drásticas para provocar nele alguma reação. Em parte, sua estratégia poderia ter funcionado. Embora Khan tenha dado uma entrevista à imprensa após as fotos do "beijo" serem publicadas, na qual desejava felicidades a Diana e Dodi, parece razoável supor que ele teria se angustiado ao ver as fotos, e que seu amor por Diana não se perderia tão facilmente. Muito provavelmente, ele desconfiava do que Diana pretendia, sabia que ela estava sendo deliberadamente fotografada com Dodi a fim de enviar-lhe uma mensagem — "Olhe para mim, estou me divertindo sem você" — um recado com o qual ela esperava atingir seu coração e provocar ciúmes. Se Diana não tivesse ido a Paris, Imran Khan teria se encontrado com Hasnat e tentado convencê-lo. Se isso tivesse acontecido, quem sabe como as coisas terminariam? Em última análise, a história de Diana e Hasnat Khan é trágica porque eles se amavam e, por causa das circunstâncias, não puderam ficar juntos. Apenas quatro semanas após terminar seu relacionamento, a dor de Khan ao ouvir sobre a morte de Diana é inimaginável.

Se o romance de Diana com Khan tivesse recomeçado e seguido adiante, isso poderia ter um grande significado internacional. O professor Akbar Ahmed, da Universidade de Cambridge, que havia se tornado embaixador do Paquistão em Londres, acredita que Diana poderia ter contribuído para um grande entendimento entre o cristianismo e o islamismo, e se transformado em uma ponte entre a Europa e a Ásia. "Diana era um exemplo de pessoa preparada para quebrar todas as barreiras. Ela possuía qualidades únicas que davam a ela condições para ser uma embaixadora entre o Oriente e o Ocidente. Sua posição na realeza deu a ela um tipo de aura, e ela possuía uma grande presença física, entusiasmo, beleza e charme. Faltavam-lhe o cinismo e a malícia, mas a boa vontade para se tornar parte de uma cultura diferente, isso ela tinha de sobra. Diana estava quebrando todas as barreiras e se preocupava com os mais pobres. Ela realmente capturou isso como ninguém."

Ahmed aceita que algumas pessoas o contrariem dizendo que Diana era divorciada, que ela tinha casos amorosos, e alguns muçulmanos diziam que ela era "uma mulher de vida fácil", mas Ahmed acha que a sua compaixão transcendeu as suas imperfeições. "Isso é o que ela tinha e que a tornava espiritualizada, não em um sentido tradicional ortodoxo religioso, mas em um sentido compassivo."

A ideia de estar em um relacionamento somente porque o mundo espera grandes feitos de você não era nada atrativa para Hasnat Khan; na verdade, era o oposto disso. Diana também não ansiava pelas alturas que outros poderiam ter desejado se ela realmente queria se casar com um muçulmano. Ela estava interessada no Oriente principalmente pela possível resposta à sua busca de paz, estabilidade, afeição, amor e propósito. Ela se voltou aos muçulmanos porque eles tinham uma forma de pensar que a tocava profundamente.

Será que Diana teria se casado com um muçulmano? Os seus amigos têm ideias completamente diferentes sobre o que poderia ter acontecido. Alguns acreditam que Hasnat Khan era o certo para ela no momento, mas que sua jornada ao Oriente seria somente um estágio em sua vida, não teria sido a conclusão de sua busca. Outros acreditam que ela estava obcecada por Khan só porque ele permanecia fora de seu alcance, mas que ela jamais se casaria com um muçulmano. Outros ainda acreditam que ela e Hasnat ficariam juntos novamente e permaneceriam até o fim. Não há como saber.

Uma coisa, no entanto, parece certa, Khan não gostava dos holofotes ou da presença da imprensa que acompanhava Diana onde quer que ela fosse. Diana, por outro lado, apesar da aversão que sentia pela invasão de sua privacidade, se preocupava com a própria imagem e o mítico glamour que ela tanto gostava teria desaparecido se ela tivesse reatado com Khan e seguido com ele em uma vida tranquila e dedicada. Naquele momento, com trinta e poucos anos, esse tipo de vida não serviria para Diana, ela precisava ter sua imagem na imprensa para poder acreditar em si mesma e, em última análise, para justificar a sua existência.

Um dia, conversando com Roberto Devorik, ele perguntou, "Diana, você acha que algum dia será realmente feliz?", ao que ela respondeu, "Roberto, talvez Deus tenha me colocado neste mundo não para ser feliz, mas para deixar outras pessoas felizes". Diana fez esse comentário aos 31 anos de idade. Até o momento de sua morte, ela já sabia como deixar as outras pessoas felizes, e também estava aprendendo a ser feliz.

O seu relacionamento com Khan, e também com sua família, coincidiu com a descoberta de sua capacidade de promover campanhas efetivas no cenário mundial sem ser vista mais apenas como uma princesa fotogênica;

ela estava se tornando uma mulher muito mais forte. Os seus amigos notaram uma mudança. Tanto Roberto Devorik quanto Lady Bowker comentaram sobre como a voz de Diana estava mais segura ultimamente, e ela mesma dizia que agora se sentia uma pessoa mais forte. Os seus medos de infância — de ser abandonada, rejeitada e inútil — certamente não tinham acabado, mas haviam diminuído e ela estava no caminho para, finalmente, ficar em paz consigo mesma.

Quando Diana foi à Bósnia, ela estava com uma aparência maravilhosa e também parecia muito forte fisicamente. Ela não havia levado damas de companhia, nem comitiva. Paul Burrel era quem arrumava o seu cabelo e a maquiagem ela mesma fazia. Ela vestia jeans e camisetas, e parecia feliz com a própria aparência. A sua busca pelo amor havia deixado de ser pessoal para se transformar em uma ampla compaixão que ela queria compartilhar com o mundo. Ela havia recebido um grau de confiança emocional e mental e, pela primeira vez, conseguia encarar o futuro com um espírito independente.

A sua maturidade se refletia em sua relação com o príncipe Charles. A tensão havia diminuído, ela havia aprendido a amar Charles como um amigo. Em 1996, quando o mentor do príncipe Charles, Sir Laurens Van der Post morreu, Diana escreveu-lhe uma carta cuidadosamente redigida com sinceras condolências, dizendo que ela, acima de todos, sabia como era difícil perder alguém tão próximo. Charles não respondeu da maneira usual, com outra carta, ele ligou para Diana para agradecer por sua compreensão. Isso abriu ainda mais a porta para um diálogo que continuaria até o final e, sem dúvida, houve um abrandamento e uma cordialidade maior entre eles.

Até boa parte do seu antigo ressentimento com Camilla Parker Bowles parecia ter diminuído. Desde que Diana se sentiu amada por si mesma, e por Hasnat Khan, a princesa finalmente passou a compreender e apreciar o valor do verdadeiro amor.

Lady Bowker conta uma conversa que teve nas últimas semanas de vida de Diana. "Foi a primeira vez que ela me contou alguma coisa realmente engraçada. Ela me disse, 'Elsa, sabe o que eu pensei outro dia? Era aniversário de Camilla e Charles estava dando uma festa em Highgrove. Não seria uma ideia maravilhosa se eu colocasse meu biquíni e me escondesse dentro do bolo de aniversário e, de repente, pulasse para fora?' Ela riu e continuou, 'Eu respeito o amor de Camilla por Charles porque agora sei o que é o amor'. Eu não sabia a causa daquilo, mas acho que se devia ao doutor Hasnat."

Foi o maior presente que ele podia dar a ela.

26

O Funeral

Hasnat Khan estava dormindo em seu apartamento em Londres quando o telefone tocou na manhã do dia 31 de agosto. Sua família no Paquistão já havia escutado a notícia por causa da diferença de fuso horário. Assim que souberam, telefonaram para Londres. Foi sua mãe quem deu a notícia. Por um tempo, enquanto se sentava, anestesiado, ele não conseguia acreditar.

Hasnat não foi o único membro da família Khan a ficar transtornado. Por um longo período, a família não sabia como dar a notícia para Appa e adiaram por várias horas. Finalmente, quando já não mais podiam esconder, de acordo com a família, de repente "o inferno tomou conta da casa".

"Por que isso foi acontecer?", perguntava a velha senhora.

Seu questionamento ecoava pelo mundo com uma profunda sensação de choque que varria o globo de Sydney a Calcutá, de Paris a Cape Town.

As notícias sobre a morte de Diana pareciam impossíveis de serem absorvidas. As pessoas ficavam sem palavras, a tragédia interrompeu todos os pensamentos cotidianos.

No momento do acidente, Imran Khan estava em uma parte remota do Paquistão, onde não havia eletricidade, e a única conexão com o mundo era através do rádio.

Ele estava viajando quando alguém contou que as mulheres da vila tinham ouvido algo sobre um terrível acidente, e que Diana havia morrido. Khan disse que todos na vila se reuniram como se alguém muito próximo tivesse falecido, existia apenas um profundo e compartilhado sentimento de tristeza.

"No islamismo, a morte não é encarada como no Ocidente. Acredita-se que a morte é a vontade de Deus e por isso existe uma aceitação muito maior. Mas no caso de Diana, o ar se encheu de tristeza, ninguém conversava, os meus compromissos simplesmente se desintegraram", disse Khan.

Lady Bowker recebeu um telefonema de Roberto Devorik, nas primeiras horas da manhã, informando sobre o acidente. Simone Simmons estava na cama quando acordou sobressaltada e ligou a televisão. Sem conseguir encontrar suas lentes de contato, ela ouviu a notícia da morte de Diana, profundamente chocada.

Os amigos da princesa dizem que era como estar em uma pintura de Dalí, tudo parecia surreal.

As demonstrações de luto eram públicas nas ruas e não somente entre quatro paredes. As manifestações de pesar demonstravam amplamente o carinho que sentiam por Diana. Em Londres, capital de uma nação normalmente reservada em suas emoções, as pessoas permaneciam na fila por mais de seis horas, ao longo da avenida The Mall, apenas para assinar o livro de condolências no palácio St. James.

No dia do funeral, a calmaria nas ruas britânicas sugeria que centenas de milhares de pessoas resolveram ficar em casa para assistir ao evento pela televisão. Aqueles que haviam ido trabalhar encontravam desculpas para se deslocar para a tela mais próxima. Todos sentiam que a conheciam, todos compartilhavam a tragédia.

Em Londres, algumas cenas histéricas aconteciam enquanto o cortejo deixava o palácio de Kensington a caminho da Abadia de Westminster.

Em Paris, a admiração pelo espetáculo do seu funeral era misturada com a culpa.

Na Bósnia, as vítimas de minas terrestres assistiam aos prantos enquanto o cortejo do funeral percorria lentamente o seu caminho através de Londres.

Na Índia, foram registradas cenas inusitadas de ruas desertas enquanto milhões de pessoas, que já estavam de luto pela morte de Madre Teresa, ficaram em casa para lamentar.

Na Austrália, a Catedral de St. Andrew em Sydney e igrejas em todo o país realizaram serviços fúnebres especiais assistidos por milhares de pessoas.

O mundo perdeu um ícone, uma personalidade, uma pessoa com quem todos, de uma forma ou outra, sentiam alguma identificação. Um mito nascia com a morte de uma mulher notoriamente extraordinária, mas que, na verdade, sempre desejou ser amada.

Para aqueles que eram mais próximos, o pesar era diferente, era um luto íntimo e pessoal, embora soubessem que o mundo inteiro partilhava a mesma dor.

Amigos de Diana tomaram seus assentos numerados na Abadia de Westminster junto com outras duas mil pessoas que estavam lá naquela manhã. Lady Bowker ficou tão consternada com a morte de Diana que não pôde enfrentar o funeral e acabou sendo levada para a cama. Em Lahore, a família se reuniu em volta do aparelho de televisão, e em Hendon, Simone Simmons sentou-se com sua amiga Ursula.

Mas para um homem, em particular, a morte de Diana foi mais dolorosa e mais devastadora do que se poderia imaginar. E ninguém, exceto os mais próximos a ele sabiam de sua tristeza e angústia.

Em 6 de setembro de 1997, enquanto a mídia do mundo inteiro se concentrava em celebridades mais importantes, Hasnat Khan sentou-se despercebido, em silêncio, arrasado, no meio de uma fileira de bancos da Abadia de Westminster. Ele usava os óculos escuros que Diana havia lhe dado de presente. Sentado ao seu lado, estava a sua tia, Jane Khan. Seus convites tinham sido providenciados por Paul Burrell.

Enquanto a soprano Lynne Dawson cantava uma das músicas favoritas de Diana, o *Réquiem* de Verdi, implorando a Deus o descanso eterno aos mortos e que a perpétua luz brilhe sobre eles, a cabeça de Hasnat caiu para a frente, e assim permaneceu até o fim.

Naquela noite de maio, em Lahore, quando Diana visitou a Model Town para se encontrar com a família de Khan, um rolo de filme fotográfico foi utilizado. A ideia era de que Hasnat pudesse ver as fotos e, algumas semanas depois, a família enviou o rolo de filme pelo correio.

Até hoje, está em uma gaveta. As fotos nunca foram reveladas.

Epílogo: Hasnat

Desde que este livro foi publicado, 13 anos atrás, novas informações sobre os eventos durante aquele último verão vieram à tona através do próprio Hasnat Khan.

A informação constava em uma declaração dada por ele à Operação Paget — a investigação criminal iniciada em 6 de janeiro de 2004, após o médico legista da corte, Michael Burgess, pedir ao então comissário da polícia metropolitana, Sir John Stevens, para conduzir as investigações sobre as denúncias de uma possível conspiração em torno da morte da princesa Diana e de Dodi Fayed, em Paris.

A declaração de Hasnat Khan foi lida em 3 de março de 2008, no inquérito sobre a morte de Diana e Dodi. Na declaração, ele afirma que foi Diana quem terminou o relacionamento, não ele.

A declaração lança alguma luz sobre o que estava acontecendo entre eles durante as últimas semanas de vida de Diana.

No meio de julho, enquanto Diana estava de férias em St. Tropez, na casa de Fayed, Hasnat diz que ele não conseguia falar com ela: "Seu celular continuava caindo na secretária eletrônica. Quando, finalmente, falei com ela, não sabia que ela já havia retornado de suas férias com Mohamed Al Fayed, havia ficado em casa por uma ou duas noites, e depois tinha ido para Paris. Quando você conhece alguém muito bem, sabe quando algo não está certo, e foi assim que eu me senti quando falei com ela. Eu disse que achava que havia algo errado por causa do modo como ela vinha agindo, mas Diana disse apenas que não estava conseguindo um sinal de celular no lugar onde estava. Eu disse que deveríamos conversar quando ela chegasse em casa".

E, assim, os dois combinaram de se encontrar no Parque Battersea, em 29 de julho. Hasnat se lembra que Diana "não era a mesma e não parava de olhar para o celular". Ele disse que as coisas não estavam nada bem. Ele a acusou de ter se encontrado com outra pessoa, sugerindo que deveria ser alguém do círculo de Mohamed Al Fayed.

No inquérito, o mordomo de Diana, Paul Burrell, lembrou daquela noite. Ele disse que Diana chegou tarde do Parque Battersea, e que ela estava muito angustiada. "(Ela) disse que "desistia", ela havia tentado fazer tudo o que podia para trazer este homem (Hasnat) para os holofotes e que ele não queria nada disso. Ele não queria se transformar em um nome público, ele não queria ser conhecido, e que eles haviam chegado a um impasse".

No final do seu encontro no parque, Diana e Hasnat combinaram de se encontrar de novo no dia seguinte, quarta-feira, 30 de julho, no palácio de Kensington. De acordo com Hasnat em sua declaração à Operação Paget, foi neste encontro que ela disse que estava tudo terminado entre eles. Diana negou que houvesse outra pessoa envolvida. Eles nunca mais se falaram.

No entanto, no mesmo dia em que a relação "terminou", o fotógrafo de celebridades Jason Fraser foi avisado sobre o cruzeiro iminente de Diana e Dodi no *Jonikal*. Eu sempre defendi — baseada nas várias entrevistas que conduzi com os amigos íntimos de Diana — que a princesa havia orquestrado as fotos do "beijo" com Dodi Fayed, na intenção de enviar uma mensagem à Hasnat Khan. A dica para Fraser sugere que isso pode ter sido exatamente o que Diana tinha em mente. Mas, por quê? Diana aparentemente terminou o relacionamento, mas acredito que não tenha sido por falta de amor, mas, provavelmente, por desespero e frustração pelo fato de Hasnat não se comprometer com ela. Sabemos que o conselho que Hasnat recebeu de sua família naquele último verão foi o de seguir em frente, e sabemos que ele não poderia sequer imaginar uma vida com Diana que lhe permitisse prosseguir com sua carreira como cirurgião cardíaco, longe da publicidade. Diana sabia de tudo isso e já havia tentado tudo para mudar as coisas. Diante de um impasse, o que mais Diana poderia fazer a não ser uma grande declaração, terminar tudo e forçar Hasnat a considerar uma vida sem ela? E, depois disso, tentar uma última cartada para Hasnat mudar de ideia, e reconquistá-lo. Afinal, ela já tinha feito isso antes. E, então, usou a imprensa, orquestrando um conjunto de imagens que poderiam sugerir ao mundo que ela havia encontrado o amor com um novo homem. Eu acredito que ela usou essas fotos para dizer a Hasnat, "Olhe para mim agora, veja o que eu posso fazer, eu posso ser vista em público, eu não preciso me esconder, eu sou independente".

As fotos do "beijo" foram tiradas apenas quatro dias depois que o relacionamento estava "terminado" e acredito que essas fotos foram uma aposta que Diana fez, ela jogou a cautela ao vento, sentindo que não tinha nada a perder. Ela precisava de algo dramático para acordar Hasnat, e esta era a sua maneira. Curiosamente, sua irmã, Lady Sarah McCorquodale, disse no inquérito, "Eu suspeito que ela (Diana) terminou com a esperança de voltar a ficar junto com ele".

Hasnat disse que ficou "louco, transtornado" quando soube que "Diana estava se encontrando com Dodi". Talvez os esforços de Diana para provocar ciúme tenham funcionado. Hasnat contou à Operação Paget que ele tentou falar com ela por telefone na noite em que ela morreu. Ela nunca saberia o que ele planejava dizer, porque ele não conseguia completar a ligação; na verdade, ela havia mudado o número de seu celular. Talvez ele fosse usar suas próprias palavras para dizer a ela "Tudo vai ficar bem". Certamente, Hasnat não descarta a possibilidade de que ele e Diana poderiam ter ficado juntos novamente: "Dependendo do que estivesse acontecendo entre ela e Dodi, poderia haver uma chance em longo prazo", diz ele. E nós sabemos, pelo que Diana contou a seus amigos, que seu relacionamento com Dodi não passava de um "caso de verão".

Parece que Diana nunca perdeu a esperança de que poderia haver um futuro com Khan. Lady Sarah McCorquodale disse no inquérito, "Eu não acho que ela acreditava que o relacionamento estava terminado, ou, pelo menos, tinha esperança que não".

Em maio de 2006, nove anos após a morte de Diana, Hasnat Khan se casou com Hadia Sher Ali, aceitando um casamento arranjado em Jhelum. Não estava destinado a durar. Depois de pouco mais de dois anos, eles se divorciaram. Hoje em dia, Hasnat permanece solteiro.

Na maior parte dos últimos treze anos, Hasnat Khan viveu e trabalhou na Grã-Bretanha. Ele se especializou como cirurgião e em 2007, enquanto

Epílogo: Hasnat

a investigação sobre a morte de Diana seguia seu curso, ele passou alguns anos no Paquistão antes de voltar para o Reino Unido.

Hasnat e Diana haviam sonhado em construir um hospital juntos e hoje em dia parece que ele transformou este sonho em seu ideal de vida. Trabalhando no Hospital da Universidade de Basildon, em Essex, Hasnat, agora com 54 anos de idade, pretende deixar a Grã-Bretanha este ano e retornar ao Paquistão para chefiar o departamento de cirurgia do Instituto de Cardiologia Rawalpindi. Ao mesmo tempo, ele está se dedicando ao estabelecimento de uma unidade cardíaca — o hospital Abdul Razzaq Medical Trust na vila Badlote — para tratar as crianças carentes perto de sua cidade natal de Jhelum. Será a primeira unidade de cardiologia do Paquistão, mantida através de doações. Em uma recente entrevista, Hasnat disse que se Diana estivesse viva ele não tem nenhuma dúvida de que ela estaria envolvida no projeto, estando eles juntos ou não.

Quando Hasnat e Diana conversaram sobre viver juntos no Paquistão, seus filhos — William e Harry — eram muito novos para que ela os deixasse. Entretanto, se Diana estivesse viva agora, Hasnat acredita que ela não teria nenhuma dificuldade em viver no Paquistão, de fato, ele se atreve a dizer que, se ela estivesse viva, é possível que os dois tivessem uma família.

Hoje em dia, quando Hasnat volta para visitar os pais em casa, em Jhelum, uma fila de pacientes se forma do lado de fora buscando ajuda, muitos deles de famílias pobres com crianças desesperadamente doentes. E não é preciso muita imaginação: eu realmente consigo ver Diana lá, eu posso vê-la agora mesmo naquele lugar.

KJS, junho de 2013

Apêndice 1

Linha do Tempo

....

1961
1/jul — Nasce Diana Spencer, em Park House, na propriedade da rainha, de Sandringham, em Norfolk.

30/ago — Diana é batizada.

1967
Verão: os pais de Diana decidem se separar provisoriamente.

Set — O casamento finalmente entra em colapso. A mãe de Diana, Frances, inicialmente leva as crianças com ela.

Dez — O pai de Diana anuncia que matriculou as crianças na escola local. Portanto eles agora permanecerão em Park House.

1969
2/mai — A mãe de Diana, Frances, se casa com Peter Shand Kydd.

1971
Fev — Mary Clarke é contratada como babá de Diana.

1972
A mãe de Diana e seu novo marido se mudam para a ilha de Seil, na costa oeste da Escócia.

1978
Set — O pai de Diana, Conde Spencer, sofre uma hemorragia cerebral.

Nov — O conde Spencer é transferido para o hospital Royal Brompton, onde Diana conhece o professor Jawad Khan.

Linha do Tempo

1981
6/fev — O príncipe Charles pede Lady Diana Spencer em casamento no castelo de Windsor.

29/jul — Casamento do príncipe Charles e Diana na Catedral de St. Paul.

1982
21/jun — Nascimento do príncipe William.

1984
15/set — Nascimento do príncipe Harry.

1986
Julho — Diana conhece Dodi Fayed em uma partida de polo.

1990
27/jun — O secretário particular de Diana escreve para o Royal Anthropological Institute (Instituto Real de Antropologia) solicitando uma palestra sobre o Paquistão.

13/set — O professor Akbar Ahmed dá uma palestra para Diana no Royal Anthropological Institute (Instituto Real de Antropologia).

1991
16/set — O professor Ahmed é convidado para o chá no palácio de Kensington, onde ele conversa com Diana e a aconselha sobre sua futura visita solo ao Paquistão.

22/set — A visita de cinco dias de Diana ao Paquistão se inicia.

26/set — Diana visita a faculdade King Edward Medical, em Lahore, onde é apresentada novamente ao professor Jawad Khan.

1992
10/fev — O príncipe Charles e a princesa Diana chegam à Índia para o início da visita oficial de seis dias.

11/fev — Diana posa, sozinha, para fotógrafos em frente ao Taj Mahal.

12/fev — Partida de polo em Jaipur em que os fotógrafos capturam a imagem de Diana virando o rosto quando o marido tenta beijá-la.
A viagem à Índia termina com Charles partindo para um compromisso particular no Nepal enquanto Diana visita as Missionárias da Caridade de Madre Teresa.

29/mar — O pai de Diana, Conde Spencer, morre em consequência de um ataque cardíaco. Diana estava com Charles passando a temporada de esqui na Áustria quando recebeu a notícia.

16/jun	Publicação do livro de Andrew Morton, *Diana: Her true Story* (*Diana, Sua Verdadeira História*).
9/dez	Charles e Diana decidem se separar.

1993

Nov	Oliver Hoare leva Diana para encontrar Lady Elsa Bowker, que a conheceu quando ela ainda era uma adolescente.
Dez	Diana conhece Simone Simmons.

1994

Abr	Diana é fotografada durante a temporada de esqui na varanda de um chalé na Áustria, lendo *Discovering Islam* [Descobrindo o Islamismo], do professor Akbar Ahmed.

1995

1/set	Hasnat Khan é apresentado à Diana no hospital Royal Brompton, em Londres.
1-18/set	Diana visita Joseph Toffolo no Royal Brompton e conhece melhor Khan. Ele se oferece para mostrar o hospital a ela.
20/nov	A entrevista *Panorama* com Martin Bashir é transmitida.
30/nov	Diana é flagrada por um fotógrafo do jornal *News of The World* saindo tarde da noite do hospital Royal Brompton.
12/dez	O primeiro ministro britânico, John Major, anuncia a separação formal de Diana e Charles.
18/dez	Diana recebe a solicitação do divórcio de Charles por escrito da rainha.
25/dez	Diana passa o Natal sozinha no palácio de Kensington.

1996

20/fev	Diana chega ao Paquistão para uma visita de dois dias, a convite de Imran e Jemima Khan.
21/fev	Diana visita o hospital Shaukat Khanum Memorial Cancer de Imran Khan, onde conhece o garoto de sete anos de idade, Ashraf Mohammed.
23/abr	Diana acompanha uma operação cardíaca no hospital Harefield, filmada pela Sky TV.
4/jul	Os advogados do príncipe Charles anunciam o acordo de divórcio. Diana está vestindo o traje paquistanês feito por Rizwan Beyg. À noite, ela comparece ao jantar no hotel Dorchester, em Londres, para arrecadar fundos para o hospital de Imran Khan.
12/jul	Acordo final do divórcio.
15/jul	Charles e Diana assinam o divórcio. Diana convida Appa, Omar e Jane para o chá no palácio de Kensington.

28/ago	Finalização do divórcio com Charles. Ela confessa aos seus amigos sua intenção de se casar outra vez, agora que está livre da Casa dos Windsor.
13/out	Diana voa para a estância italiana de Rimini, onde fora receber um prêmio humanitário. Lá, ela conhece um cirurgião sul-africano, o professor Christian Barnard, outro ganhador do prêmio.
31/out	Diana voa para Sydney.
1/nov	Diana inaugura oficialmente o Instituto Victor Chang.
3/nov	A manchete do jornal *Sunday Mirror,* diz "O novo amor de Di – Como a princesa Di se apaixonou por Hasnat Khan".
4/nov	O artigo do *Daily Mail,* escrito por Richard Kay, descreve a matéria do dia anterior como "besteira".

1997

14/jan	Diana se encontra com crianças vítimas de minas terrestres em um hospital angolano.
15/jan	Diana faz sua famosa caminhada pelos campos minados angolanos.
22/mai	Diana vai ao Paquistão outra vez, e se hospeda na casa de Imran e Jemima Khan. No mesmo dia, o secretário de relações exteriores britânico, Robin Cook, declara a total proibição do comércio de minas terrestres britânicas. Durante sua estadia, ela vai com as irmãs de Imran até a casa da família de Hasnat Khan, na Model Town. Lá ela tenta impressionar a mãe de Hasnat. Mais tarde, naquela noite, Imran se oferece como mediador de Diana e Hasnat.
6/jun	Diana é vista em uma casa noturna com Gulu Lalvani, que a convida para ir à Tailândia.
11/jun	Diana aceita o convite de Mohamed Fayed para passar as férias no sul da França.
21/jun	Diana passa o dia inteiro com a família de Hasnat Khan, incluindo *Nanny* Appa, na casa de Omar e Jane, em Stratford. Diana leva as crianças ao supermercado Tesco, fingindo ser "Sharon".
25/jun	A *Christie's,* em Nova York, arrecada mais de dois milhões de libras leiloando 79 vestidos de Diana. O dinheiro vai para a caridade.
1/jul	Aniversário de 36 anos de Diana.
11/jul	Início das férias com os filhos na casa de Fayed, em St. Tropez.
14/jul	Diana, com o excesso de atenção da imprensa, dá uma entrevista coletiva improvisada no mar, durante a qual promete, "Vocês vão ter uma surpresa com a próxima coisa que eu vou fazer". No mesmo dia, Dodi Fayed chega a bordo do *Jonikal,* chamado por seu pai.
15/jul	O estilista Gianni Versace, amigo de Diana, é assassinado.
16/jul	Hasnat é aconselhado por um amigo a terminar o relacionamento.

18/jul	Jornais repletos de fotografias de Diana nadando, mergulhando e andando de jet ski. É também o dia da festa de aniversário de 50 anos de Camilla Parker Bowles, em Highgrove House.
19/jul	Sir James Goldsmith, pai de Jemima Khan, morre. Durante as férias, Diana liga para o apartamento de Hasnat Khan, em Chelsea. Seu tio atende e ela deixa um recado, pedindo para que Hasnat telefone para ela quando voltar.
20/jul	Diana e os príncipes voam de volta a Londres.
22/jul	Diana comparece à missa de sétimo dia para Gianni Versace, em Milão.
24/jul	O pai de Lana Marks morre, e ela tem que cancelar as férias que havia planejado com Diana.
26/jul	Diana voa para Paris para o seu "encontro" com Dodi Fayed, marcado às pressas.
27/jul	Diana volta para Londres.
29/jul	Diana e Hasnat se encontram no parque Battersea.
30/jul	Diana e Hasnat se encontram no palácio de Kensington. De acordo com Khan, Diana diz a ele que o relacionamento acabou. O fotógrafo Jason Fraser recebe a dica sobre o iminente cruzeiro de Diana e Dodi no *Jonikal*.
31/set	Diana e Dodi seguem para outro cruzeiro a bordo do *Jonikal*.
2/ago	O fotógrafo italiano Mario Brenna, alertado por Jason Fraser, aguarda o momento certo para fotografar Diana e Dodi.
4/ago	Brenna tira as famosas fotos do "beijo".
8/ago	Diana voa para a Bósnia para continuar sua campanha contra as minas terrestres.
10/ago	O *Sunday Mirror* publica as fotos do "beijo" e todos comentam sobre o romance de Diana e Dodi.
11/ago	Diana volta da Bósnia. As fotos do "beijo" não a incomodam.
21/ago	Diana voa com Dodi para Nice. Jason Fraser está esperando no cais de St. Laurent-du-Var.
23/ago	Diana liga para Lana Marks dizendo que estava ansiosa para voltar para casa e que Dodi logo seria "uma página virada" em sua vida.
25/ago	Diana liga para Jason Fraser e pergunta por que as fotos do dia anterior estavam tão granuladas. Ela também liga para Lady Elsa Bowker; na conversa, ela entendeu que Diana não pretendia se casar com Dodi.
26/ago	Diana liga para o professor Jawad Khan. Ele a avisa que se ela está tentando provocar ciúmes em Hasnat com as fotos do "beijo", não vai funcionar. Ela diz que não há nada entre ela e Dodi.
28/ago	Diana liga para Roberto Devorik e diz que o caso com Dodi é só um "romance de verão".

Linha do Tempo

30/ago	Diana fala com Lady Annabel Goldsmith ao telefone, e diz que a última coisa que ela precisa é de um novo casamento. Hasnat tenta falar com Diana, mas ela havia mudado o número de seu celular.
31/ago	Diana e Dodi morrem em consequência de um grave acidente de carro, na entrada do túnel ponte d'Alma, em Paris.
6/set	O funeral de Diana.

Apêndice 2

Fontes

As fontes utilizadas para este livro foram entrevistas, cartas pessoais e, em menor escala, notícias de jornais, artigos de revistas e livros.

Trinta e nove testemunhas oculares foram entrevistadas na pesquisa para o livro. Destas, quatorze que ofereceram depoimentos cruciais preferiram permanecer anônimas, apesar de suas contribuições terem acrescentado tanto. Inúmeros outros corrigiram ou confirmaram os fatos.

Agradeço ao professor Akbar Ahmed, Ashfaq Ahmed, Maulana Abdul Qadir Azad, Rizwan Beyg, Lady Elsa Bowker, Sister Christie, Mary Clarke, Roberto Devorik, Sandra Erikson, Debbie Frank, Abida Hussain, Aleema Khan, Nanny Appa Khan, Imran Khan, professor Jawad Khan, Maryam Khan, Salahuddin Khan, Uzma Khan, Sunita Kumar, Lana Marks, Jugnu Mohsin, Simone Simmons, Penny Thornton, Oonagh Toffolo e Mike Whitlam.

Obrigada a Jonathan Benthall por fornecer a documentação relevante sobre a visita da princesa de Gales ao Instituto Real de Antropologia (Royal Anthropological Institute), em setembro de 1990.

Fontes

Os seguintes livros foram consultados:

BOWER, Tom. *Fayed: The Unauthorized Biography*. Macmillan Publishers Ltd, 1998.

CAMPBELL, Lady Colin. *Diana in Private*. Smith Gryphon Limited, 1992.

CLARKE Mary. *Little Girl Lost*. A Birch Lane Press Book, 1996.

DELORM, Rene; Barry fox e Nadine Taylor. *Diana and Dodi: A Love Story*. Pocket Books, 1998.

ENTREVISTA de Simmon Parry, *Mail on Sunday*, 13 de maio de 2012.

JUNOR, Penny. *Charles, Victim or Villain?* Harper-Collins, 1998.

MACARTHUR, Brian (ed.) *Requiem: Diana Princess of Wales 1961-1997: Memories and Tributes*. Pavilion Books Ltd., 1997.

MORTON, Andrew. *Diana, Her True Story – In Her Own Words*. Michael O'Mara, 1997.

PASTERNAK, Anna. *Princess in Love*. Bloomsbury Publishing Plc, 1994.

SIMMONS, Simone; com Susan Hill. *Diana: The Secret Years*. Michael O'Mara 1998.

THORNTON, Penny. *With Love from Diana*. Pocket Books, 1995.

Agradecimentos

Este livro teve origem em um documentário de TV sobre Diana, e eu gostaria de agradecer a London Weekend Television por me permitir o acesso às transcrições das suas entrevistas. Em particular, a Will Smith, controlador adjunto de programas factuais na LWT, que tem sido um apoio constante e valioso, tanto com sua determinação obstinada para ver o filme ir ao ar quanto com seu entusiasmo e encorajamento para ver o livro escrito.

Nisar Malik, produtor de TV do Paquistão, agora radicado em Londres, acompanhou-me em duas viagens ao Paquistão. Sua diplomacia, competente e brilhante, suas avaliações criteriosas e disposição calma e imperturbável durante momentos cruciais, sem dúvida, contribuíram muito para a profundidade deste livro.

A meticulosa seleção de artigos de notícias relevantes e envio eficiente de comoventes informações, muitas vezes fora do horário de expediente, por Fiona Sanson, do departamento de pesquisa da LWT, foi uma constante de valor inestimável durante os longos meses de inverno e de solidão, e minha querida amiga Annie Venables, dedicada à pesquisa para verificar elementos da história em Sydney, na Austrália, em meio a sua vida ocupada na TV em Melbourne.

Agradecimentos

Devo agradecer especialmente a Susanna Wadeson, da Granada media, pelo meu comissionamento para escrever este livro em primeiro lugar, e por sempre defender os meus esforços para prosseguir com as investigações jornalísticas em território inexplorado. Ultimamente, meu editor na Andre Deutsch, Ingrid Connell, que me trouxe entusiasmo renovado, perspicácia, vigor e um julgamento inteligente para o projeto.

O alicerce da pesquisa em que o livro é baseado foi inicialmente conduzido por minha equipe na LWT. A principal contribuição foi a de Petra Coveney, cuja habilidade em comunicação, percepção aguda, esforço incansável no Paquistão, sem mencionar sua excelência jornalística, sustentou o sucesso do documentário. Diensen Pamben trouxe uma vitalidade e energia juvenil que levou a uma animada investigação em Calcutá, e sua natural afinidade visual foi ao mesmo tempo refrescante e reconfortante. O zelo e o compromisso do meu cinegrafista Jonathon Harrison com o programa, significam que ele trabalhava em seu tempo livre para criar maneiras de alcançar brilho visual e técnica, e meu editor John Lee também trabalhou muitas vezes abnegadamente em seu tempo livre para dar graça e beleza ao filme, seus comentários incisivos e o peso da experiência, sem dúvida, aumentaram a riqueza do produto acabado. Josephine Cocking e Marnie Sirota planejaram nossa logística com precisão militar e garantiram a passagem suave do filme através de seus vários estágios.

No início, Mike Brennan, produtor sênior da LWT, Stuart Higgins, Richard Kay e Andrew Morton empenharam generosamente o seu tempo, cada um extraindo de sua experiência inestimável conselhos e informações gerais sobre Diana. Eu sou muito grata a todos eles.

Eu já agradeci à família Khan por me receber em seu meio durante a minha pesquisa, mas eu também preciso expressar a minha sincera gratidão pela sua hospitalidade e cordialidade sem limites. Em muitas ocasiões, Yousef Salahuddin forneceu a mim e aos membros da minha equipe a mais maravilhosa comida e a generosidade inquestionável nos arredores de sua mágica Havelli na Antiga Lahore, Salman e Batool Batalvi ofereceram não apenas a sua casa e hospitalidade, mas também os seus conselhos e amizade, a quem agradeço pelas muitas noites que passamos envolvidos em afetuosas conversas.

Finalmente, não tenho como agradecer o suficiente aos colaboradores deste livro por toda a sua paciência, dedicação e incentivo durante todo o último ano, deles são as contribuições que eu nunca esquecerei.

Por último, mas não menos importante, meu querido marido Mark tem sido um companheiro constante e um ombro amigo no café da manhã, no jantar, ao telefone, por e-mail, trabalhando nas montanhas, lagos ou passeios de bicicleta cada vez mais distantes ao longo do Tâmisa. Seus pensamentos valiosos e pertinentes ajudaram a moldar partes do livro, e muitas vezes trouxeram uma clareza e nitidez peculiares. É verdade que sem a sua crença em mim e inabalável apoio aos meus esforços, este livro não teria sido escrito, por isso, obrigada Mark, pela sua notável e singular contribuição.